LA PAZ ES EL CAMINO

El final de la guerra y la violencia

DEEPAK CHOPRA

Traducción
Isabel Corpas de Posada

GRUPO
EDITORIAL
norma

Bogotá, Barcelona, Buenos Aires, Caracas, Guatemala,
Lima, México, Panamá, Quito, San José,
San Juan, Santiago de Chile, Santo Domingo

Chopra, Deepak, 1947 -
    La paz es el camino: el final de la guerra y la violencia / Deepak Chopra;
traducción Isabel Corpas de Posada.— Bogotá: Grupo Editorial Norma, 2005.
    352 p.; 21 cm.
    Título original: Peace Is the Way, Bringing War and Violence to an End.
    ISBN 958-04-8604-2
    1. Conciliación 2. Guerra – Ensayos, conferencias, etc. 3. Paz – Ensayos,
conferencias, etc. 4. Conflicto (Psicología) 5. Solución de conflictos I. Corpas
de Posada, Isabel, tr. II. El final de la guerra y la violencia III. Tít.
303.6 cd 19 ed.
AJB8855

CEP-Banco de la República-Biblioteca Luis Ángel Arango

Título original en inglés:
PEACE IS THE WAY
Bringing War and Violence to an End
de Deepak Chopra
Una publicación de Harmony Books,
Crown Publishing Group, división de Random House, Inc.
Copyright © 2005 por Deepak Chopra, M.D.

Edición, Natalia García Calvo
La cubierta de este libro es una
adaptación de la original, de Lynne Amft.
Armada electrónica, Nohora E. Betancourt V.

ISBN 958-04-8604-2

A todos los hacedores de paz que hay en el mundo:
Gracias a la práctica de la no-violencia,
ustedes harán posible que los seres a su alrededor no
se sientan hostilizados.

Contenido

"No existe un camino hacia la paz.
La paz es el camino".

MAHATMA GANDHI

La guerra se acaba hoy

Hoy es un buen día para que la guerra se acabe. Hoy, 9 de septiembre de 2004, fue superada en Irak la cifra simbólica de mil bajas estadounidenses, la mayoría anteriores a la declaración de victoria de hace más de un año. Cuando usted lea estas líneas, ¿cómo será el mundo? No puedo predecirlo, pero sé que aunque se haya acabado esta guerra, seguirá habiendo terrorismo, suicidas que atacan con explosivos, insurrecciones y guerra civil en algún lugar del planeta, amenazas nucleares desde países como Corea del Norte e Irán, calificados de "villanos" por Estados Unidos. No importa la fecha en que usted lea estas palabras, la violencia seguirá estando fuera de control.

A comienzos del año 2003 se calculaba que había treinta conflictos militares alrededor del mundo. Hoy es un buen día para que estas guerras se acaben. Pero, ¿se acabarán? Y si se acaban, ¿qué las reemplazará?

Para que una guerra se acabe, no basta con poner fin a un conflicto o a treinta conflictos. Hay que acabar con la idea de la guerra, pues se ha convertido en un hábito que nos tiene aturdidos. La última vez que Estados Unidos no estuvo en pie de guerra fue el 6 de diciembre de 1941, la víspera de que Pearl Harbor prendiera la chispa para la declaración de guerra de Estados Unidos contra Japón. Desde entonces, este país considera indispensable tener un ejército gigantesco, contar con fabricantes y comerciantes de armas como parte importante de la economía, enviar miles de tropas a diversos lugares del mundo, propiciar investigaciones exhaustivas sobre nuevas tecnologías de la muerte y mantener un clima político en el cual sería un suicidio oponerse a la guerra. Y aunque las noticias diarias no registren una declaración de guerra, vivimos en estado de guerra.

Como cualquier hábito, la guerra nos marca en forma tal que cuando sentimos miedo o rabia, la respuesta natural es la guerra y es fácil seguir el ritmo. Aunque el número de bajas aumente en el Triángulo Sunita y nos impacten las fotografías de torturas en la prisión de Abu Ghraib, la guerra se ha convertido en un placer secreto que produce emoción y rompe la rutina de la vida. En la adaptación para el cine de *Vanity Fair*, de Mira Nair, una mujer comenta en una fiesta: "La guerra es buena para los hombres. Es como labrar la tierra". Buscamos la guerra de la misma forma como el fumador empedernido prende un cigarrillo aun sabiendo que tiene que dejar de fumar. En las últimas cuatro décadas, el hábito de hacer la guerra ha llevado a Estados Unidos a luchar en Irak, Afganistán, Kuwait, Somalia, Líbano, Panamá,

Grenada, Vietnam y Camboya, para no mencionar operaciones militares encubiertas en lugares como Laos, Nicaragua y Colombia.

Este libro pretende borrar esta huella y proponer una nueva manera de responder cuando sentimos miedo o rabia, o cuando no las sentimos. El camino de la paz tiene que convertirse en un nuevo hábito, pero para lograrlo, tiene que ofrecer alternativas para cada uno de los aspectos que la guerra ofrece. Porque aunque alguien se considere inmune a su atractivo, en cierta forma todos obtenemos beneficios de la guerra.

La guerra representa una salida para el sentimiento de venganza nacional.

Satisface las exigencias del miedo.

Hace poderoso al vencedor.

Ofrece seguridad a la patria.

Hace posible conseguir por la fuerza lo que uno quiere.

En cambio, cuando se vive en paz se respira sin dificultad. Hay espacio suficiente para establecer relaciones con las demás personas y las discusiones se desarrollan en medio de un clima de respeto. Mahatma Gandhi, Nelson Mandela, y la Madre Teresa vivieron diferentes aspectos de la paz. De cada uno de ellos aprendimos que el camino de la paz puede acabar con el sufrimiento y la opresión, sin luchar contra un enemigo, pero denunciando sus errores y permitiendo que la simpatía y la humanidad común realizaran su trabajo. La guerra, en cambio, impide esta opción.

Aunque los beneficios de la guerra se impongan, al final, amargos y vacíos, no alcanzan a borrar de nuestra mente la huella de la guerra. Después de un siglo durante el cual más de cien millones de personas murieron en diferentes guerras, los sobrevivientes seguimos mostrándonos partidarios de ella porque creemos que deja algo bueno. El placer de la guerra no lo reemplaza la filosofía o la religión. A pesar de que el Buda y el Príncipe de la Paz hablaran abiertamente contra la violencia, sus creencias han sido distorsionadas y convertidas en causa de derramamiento de sangre en manos de sus seguidores.

Nuestra era se ha precipitado en un aterrador conflicto armado. En algún lugar de Estados Unidos, equipos de científicos están construyendo una bomba que hará desaparecer a los seres humanos sin necesidad de destruir los edificios en que habitan. En algún lugar de Estados Unidos, otros científicos buscan la forma de cortarle al enemigo el agua, la electricidad, las comunicaciones y el transporte, utilizando señales transmitidas vía internet. Muy pronto podremos acabar con un país sin tener que pisar su territorio.

Prácticamente lo estamos logrando gracias a los bombardeos de precisión desde gran altura y a las "bombas inteligentes" de largo alcance que son autodirigidas hacia el objetivo mientras nuestros soldados permanecen a salvo. Algunas personas, incluso militares, no comparten esta tecnología por cuanto significa que nuestro ejército puede matar sin la preocupación de perder a sus miembros. El último vestigio del honor en el campo de batalla, que era el respeto por el enemigo, ya no existe. La satisfacción de administrar la muerte en forma eficiente es otro de los beneficios de la guerra.

¿Puede el camino de la paz realmente reemplazar todo esto? ¿Puede tener éxito allí donde han fracasado siglos de sabiduría y moral?

Puede, porque el camino de la paz no está basado en la religión o en la moral. No nos pide convertirnos en santos de un día para otro o renunciar a un sentimiento de rabia o a la sed de venganza. Lo que pide es algo novedoso: la evolución consciente.

Ha llegado la hora de dejar la pasividad y de asumir, persona por persona, el control de nuestro destino. ¿Qué es lo que mantiene la guerra? Las respuestas lentas y la seguridad que ofrecen las reacciones que los seres humanos hemos tenido desde el principio de la historia. La violencia no es la esencia de la naturaleza humana, a pesar de estar generalizada y de ser innata. El amor también es innato, y es lo contrario de la violencia. El camino de la paz es el amor en acción, aunque la humanidad, explícita o implícitamente, crea que la violencia es más poderosa que el amor, que es lo mismo que decir que la muerte es más poderosa que la vida.

Pero no es así. La humanidad ha evolucionado y ha superado muchas cosas que anteriormente se consideraban innatas. Hemos aprendido a usar la razón. Hemos superado la superstición y la enfermedad. Hemos expuesto a la luz la oscuridad de la psiquis. Hemos penetrado en el funcionamiento de la naturaleza. Todos estos logros señalan cuál debe ser el siguiente paso: admitir que los seres humanos hemos dejado atrás la guerra.

Pero hoy no es el día para que yo, ni nadie, pueda decir que los seres humanos estamos finalmente y para siempre más allá de la guerra. La única noticia reciente que resulta esperanzadora es un informe según el cual en los últimos doce meses, a pesar de los titulares de prensa acerca de Irak, se registró la cifra más baja de muertes como consecuencia de la guerra desde 1945, cuando finalizó la Segunda Guerra Mundial. La cifra total a nivel mundial de todos los conflictos durante el último año fue veinte mil muertes, de manera que la tendencia a disminuir puede estar comenzando ya y usted y yo, en nuestra angustia por acabar la guerra, podemos estar percibiendo vibraciones de un futuro que lograremos construir.

Y hoy es el día para aprovecharlas. Así como la formulación de la ley de la gravedad por Newton significó que los seres humanos entraran por fin y en forma definitiva en el camino de la nueva ciencia, un camino que ha conducido a un mundo completamente transformado, de la misma manera, usted y yo podemos crear un nuevo punto de quiebre. Yo argumentaría que para la mayor parte de la población de Estados Unidos y de muchos otros lugares del mundo, el rumbo del futuro ya ha dado un giro y, si logra saber cuál es, la gente está lista para seguir el camino de la paz.

El camino de la paz se basa en lo mismo que dio paso a la edad de la ciencia: un salto en el estado de conciencia. Quienes fueron testigos de las primeras demostraciones de los motores a vapor, la luz eléctrica y las vacunas, se adaptaron a ellas porque no era coherente seguir leyendo a la luz de una vela, viajar a caballo, permitir altas tasas de mortalidad en el parto y sufrir los estragos de la enfermedad. Un salto en la conciencia colectiva se había producido.

Creo que, de la misma manera, el camino de la paz puede cambiar el futuro. Si usted y yo demostramos que la paz deja más satisfacciones que la guerra, la conciencia colectiva podrá cambiar. Al levantarnos hoy, a usted y a mí nos pareció normal no tener que matar, pero nuestra sociedad no puede decir lo mismo y es hora de que tome una dirección coherente con lo que los individuos quieren. No puede haber excusa para vivir cómodamente mientras estamos inmersos en una cultura de muerte y violencia. Usted y yo no somos espectadores inocentes de la guerra, dependemos de ella política, económica y socialmente. Intentaré demostrar por qué esto es verdad y cómo podemos optar por un estilo de vida que no esté involucrado en la guerra o en la muerte. Cuanta más gente se nos una, más pronto acabará la guerra y, en lugar de esperar que otros dejen de matar, podremos convertirnos en fuerza de paz y dar, así, una contribución definitiva.

Si usted cambia la forma de concebir la paz, la guerra terminará hoy para usted. Y, aunque tiene que producirse persona por persona, funciona. Un millón de pequeños terremotos mueven más la tierra que un solo cataclismo de enorme poder. La mejor y más fácil manera de vivir es contagiarse de la onda de la evolución. Ciertamente no es fácil mirar hacia lo alto y decir: Hoy es un buen día para que se acabe la guerra. Pero si nuestra conciencia sigue estas palabras y permanecemos fieles a ellas, la guerra nunca volverá a nuestra vida.

El camino de la paz

Mahatma Gandhi expresó una profunda verdad cuando dijo: "No existe un camino hacia la paz. La paz es el camino". Lo que quería decir es que la paz no se consigue actuando con violencia o recurriendo a ella. La paz tiene su propio poder y su propio esquema para organizar los acontecimientos, pero hacen falta sustitutos para satisfacer las necesidades que son satisfechas por la guerra y que no son triviales, porque la aventura, el poder y la posibilidad de expansión son valores primarios.

Y si no hay una forma viable para que la gente común y corriente disfrute aventura, poder y posibilidades de expansión, resulta preferible el camino ilusorio de la guerra a pesar del costo de vidas humanas. Pero, como veremos, si escogemos el camino de la paz, seremos poderosos, experimentaremos la libertad y las emociones que supuestamente ofrece la aventura, podremos expandir el estado de conciencia sin tener que invadir otro país y apoderarnos de sus riquezas. La guerra, en cambio, involucra fuerza bruta, cuerpos luchando contra otros cuerpos, destrucción de ciudades que hay que reconstruir, despilfarro en armas para conseguir otras todavía más mortales.

Si la gente pudiera obtener satisfacción sin recurrir a la destrucción, creo que lo preferiría. Millones de personas quisiéramos vivir sin necesidad de destrucción. Por eso estamos buscando un camino para lograr que esta intención pueda ser más poderosa que la guerra, lo cual, afortunadamente, no es tan complicado.

Según los antiguos textos védicos, uno sabe si está viviendo en el camino de la paz cuando tres elementos están presentes:

Seva: Nuestras acciones a nadie hacen daño y a todos benefician.

Simran: Recordamos nuestra verdadera naturaleza y nuestro propósito para estar aquí.

Satsang: Pertenecemos a la comunidad de paz y sabiduría.

Estas tres palabras con S vienen del sánscrito. Describen el ideal de vida de cualquier persona espiritual. Pero lo más importante es que desencadenan un poder que el materialismo no puede derrotar, de la misma manera como una roca no puede derrotar a la lluvia a pesar de que la una es dura y la otra es blanda, o como un árbol no puede derrotar al viento a pesar de que el uno es sólido y el otro es invisible. Este poder puede parecer abstracto, pero la satisfacción no lo es y cada una de las palabras con S produce una satisfacción que la guerra jamás podrá ofrecer.

Seva produce la alegría de saber que las acciones cotidianas sustentan la vida como totalidad, que somos parte de la evolución del planeta y no de su destrucción y que podemos vivir en paz con la conciencia porque hemos cumplido con el deber de ser administradores de todos los aspectos de la naturaleza, incluso de los más sagrados.

Simran produce la satisfacción de obtener mayores posibilidades. No somos individuos perdidos en un mar de humanidad. Podemos encontrar nuestra propia identidad y nuestra propia verdad porque un camino único de crecimiento se abre para cada uno de nosotros.

Satsang produce la satisfacción de no tener enemigos porque nuestro hogar es el mundo y el resto de la familia humana es parte de nosotros. Las generaciones ya no están separadas por una brecha sino que colaboran para crear un mundo sin pobreza, sin ignorancia y sin violencia.

La razón principal que hace de la paz el rumbo hacia el futuro es que todas estas tres cosas, por sí mismas, marcan su rumbo. Según algunos cálculos, entre la tercera parte y la mitad de los estadounidenses aceptan valores de la Nueva Era, un espectro tan amplio que ya no es necesario darles dicho calificativo. Lo importante es descubrir que somos necesarios y que no estamos solos. En 1987, un ama de casa que iba a comprar el pan cerca al Muro de Berlín seguramente no sospechaba que su voluntad de ser libre era más potente que el muro. ¿Qué es la voluntad de una persona en comparación con los ladrillos, los torreones para ametralladoras y el alambre de púas? Pero la voluntad es una manifestación de la conciencia y a ella obedece el rumbo del futuro cuando decidimos cambiarlo. Yo creo que la voluntad está dando forma al futuro, a pesar de que solamente realicemos actividades cotidianas como ir a comprar el pan bajo la lluvia.

La siguiente es sólo una muestra:

Tendencias para una nueva humanidad
La visión que desde ahora nos une

¿Cree que necesitamos unirnos en contra del calentamiento global?

¿Quiere ver mayores esfuerzos para acabar con el sida a nivel mundial?

¿Quiere ver los mares libres de contaminación?

¿Cree que Estados Unidos debe conducir al Tercer Mundo hacia el establecimiento de economías sostenibles?

¿Defiende la libertad religiosa y quiere acabar con el fanatismo religioso en todas sus formas?

¿Quiere la plena igualdad de derechos para los inmigrantes?

¿Quiere que se acaben todas las plantas nucleares?

¿Quiere la desmilitarización de Estados Unidos?

¿Quiere que se busque una alternativa para los combustibles fósiles?

¿Cree en la igualdad de las mujeres en todas las sociedades?

Muchos años de esfuerzo van a ser necesarios para que estos propósitos se hagan realidad, si bien ya están tomando forma como creencias aceptadas. Millones de personas que no se identifican con la Nueva Era, que nunca han participado en marchas en favor de la igualdad de derechos o contra la contaminación, que en política social se consideran de centro, son parte de una mayoría que espera ser reconocida. El camino de la paz incluye todos estos objetivos, ya que cada uno de ellos cae dentro de la categoría de servir al bien común (*Seva*), de mejorar la propia imagen (*Simran*) o de borrar las diferencias para crear una nueva comunidad humana (*Satsang*).

La sorpresa, realmente, es que el camino de la paz no haya alcanzado un mayor impulso. Puedo identificar algunos de los obstáculos que lo han impedido: la carrera armamentista de los últimos cincuenta años y que, aparentemente, nada la pueda detener; las autoridades que controlan estas armas y que no sienten escrúpulos para intimidar con el fin de avanzar en sus agendas; la presión de corporaciones voraces regidas por los valores de la competencia y el provecho. De diversas maneras, estas fuerzas impiden a las personas espirituales creer que tienen algún poder porque, hay que ser honestos al respecto, la timidez nos impide salir de entre la muchedumbre para ser calificados como diferentes y nos da miedo sentirnos aislados porque no encontramos otras personas que crean en lo mismo en lo que nosotros creemos.

Hace falta, entonces, dejar la timidez a un lado y reconocer algo que resulta sorprendente pero verdadero. No se trata de obstáculos materiales, que, aunque existen en un nivel que los hace aparentemente convincentes, tienen poco efecto en nuestros corazones y en nuestros deseos más profundos. Nuestro poder es superior a cualquier arma. Comprendo que hace falta dar un gran salto. Recordemos el despliegue de misiles y tanques que, con motivo del Primero de Mayo, desfilaban por la Plaza Roja durante la era soviética y que se veían invulnerables. Ahora bien, detrás de esos despliegues de fuerza la estructura del comunismo se estaba desmoronando. Por eso en Estados Unidos no nos convencen esfuerzos similares para que respetemos y obedezcamos el sistema partidario de la guerra, porque aunque los armamentos son reales, no pueden impedir que surjan nuevas creencias.

La fuerza secreta de la paz es, precisamente, que no es material. Si usted se compromete a tener un poco más de confianza en el futuro, dejará de sentirse débil y solo. Tenga la seguridad de que el proceso de concientización ha co-

menzado: intente asimilar el hecho y lo que implica. Alrededor del mundo han surgido comunidades espirituales para
orientar conscientemente el futuro. En todo el mundo, cualquier ciudad medianamente grande tiene iglesias alternativas cuyos fieles comparten una visión que incluye *Seva*, *Simran*
y *Satsang*, aunque el resto de la sociedad también acepta muchos de estos valores espirituales. Permítame mencionar algunas palabras clave.

Seva o acción desinteresada: beneficencia, trabajo voluntario, programas de extensión educativa, consejería,
sanación, derechos de los animales, objetores de conciencia, evangelización.

Todos estos movimientos expresan un deseo de servir
por medio de acciones altruistas. No los motiva el dinero o
la necesidad de destacarse. Se dice que quienes prestan un
servicio se hacen tanto bien a ellos mismos como el bien
que le hacen a aquéllos a quienes ayudan. *Seva* representa el
impulso para romper las ataduras del ego, del egoísmo y del
dinero.

Simran o visión superior de la humanidad: ecologismo,
movimiento en favor de la paz, derechos humanos, psicoterapia, medicina alternativa, movimiento del potencial humano, Nueva Era, religiones orientales.

Todos estos movimientos comparten una visión superior de lo que significa ser humano y se oponen a una sociedad tecnológica en la que el individuo es deshumanizado, a
la vez que ponen en tela de juicio las doctrinas oficiales.

Simran expresa el impulso para vivir con dignidad espiritual, integridad y superación.

Satsang o comunidades de paz y sabiduría: iglesias, grupos de oración, vigilias en favor de la paz, conventos, monasterios, retiros para dedicarse a la meditación, comunas y cooperativas, comunidades utópicas.

Todos estos grupos comparten un mismo deseo de encontrar nuevas formas de convivencia. Son una reacción al anonimato de las ciudades y a la dificultad para establecer verdaderas relaciones humanas. Hace miles de años existen iglesias, pero nunca faltan nuevos grupos motivados por nuevas creencias. *Satsang* expresa el impulso de compartir con otros el propio camino espiritual y de contribuir a formar la familia humana.

Llama la atención que la evangelización esté en la misma lista que los objetores de conciencia y el movimiento de defensa de los derechos humanos, pero un ferviente baptista que invita a otras personas a encontrar a Cristo está expresando el mismo anhelo espiritual que una comunidad utópica de la Nueva Era a la sombra del Monte Shasta. *Renacer* es una palabra válida para lo que millones de personas sienten que necesitan encontrar, aunque cada forma de renacer difiera notablemente de las demás. Estados Unidos ha demostrado una larga tradición inclusiva y en todas las generaciones anteriores, desde la época de los primeros colonizadores, existieron comunidades utópicas. Mucha gente ha perdido de vista este hecho, creyendo que, para los estadounidenses, el sentido de la vida son las comodidades de la clase media. Creer esto es hacer caso omiso de siglos de espiritualidad. El camino de la paz no es una revolución sino una consolidación de algo que ya existe.

Ahora bien, el *statu quo* despliega esfuerzos para negar y repudiar este nuevo crecimiento y si no lo hiciera, no sería el *statu quo*. El repudio más dañino es la guerra, que hay que mantener para asegurar la permanencia del antiguo orden. Por antiguo orden no me refiero a un orden social sino literalmente a la forma como ordenamos nuestro mundo. En el momento actual, el mundo está ordenado por los valores del poder y la fuerza, la competencia económica, el progreso despiadado a costa de la sociedad tradicional y el avance

Figura 1

de la tecnología. La Figura 1 expresa el antiguo orden como una desordenada red de tendencias y valores.

Este cuadro muestra la realidad como una "jerarquía enredada", frase que tomo prestada de la física cuando considera el cosmos como un "enredo" de materia y energía. Resulta abrumador reconocer cuánto daño se ha hecho a una visión superior de la humanidad. La "jerarquía enredada" es nuestra creación y todos hemos contribuido a construirla a través del miedo, la ambición y el crecimiento no sostenible.

Cuando presento este cuadro ante una audiencia, se oyen murmullos de preocupación. Estas tendencias, que se entrecruzan como serpientes, están estrechamente relacionadas entre sí. Escoja dos temas, no importa qué tan distantes se encuentren en el cuadro, y relaciónelos. Quiero que se tome un tiempo para hacerlo porque el "enredo" de factores es el verdadero enemigo, no cada uno de ellos por aparte. Escoja al azar cualquier pareja y piense en la conexión que hay entre ellos. Por ejemplo:

Combustibles fósiles + *conflicto religioso*: están conectados por la guerra de Irak.

Especies en extinción + *enfermedades relacionadas con la contaminación*: están conectadas por el crecimiento desordenado de las ciudades industrializadas alrededor del mundo.

Codicia + *escasez de agua*: están conectadas por represas hidroeléctricas que secan los ríos para dar servicio a las grandes ciudades.

Fundamentalismo religioso + industria militar: están conectados por la creencia de que Dios quiere que sus seguidores
maten a los infieles o que se defiendan en el apocalipsis que
se avecina.

Escogí cuatro parejas pero se encuentran varios cientos de ellas en el cuadro, pues vivimos en un mundo totalmente interdependiente. Por ello es inútil atacar un solo problema. En términos prácticos, este cuadro prueba las palabras
de Gandhi al declarar que no existe un camino hacia la paz.
No puede haberlo cuando la realidad es así de enredada y
todo problema tiene una relación incestuosa con todos los
demás.

Le propuse que identificara una conexión para la pareja que escogió pero las conexiones son innumerables. La
codicia y la escasez de agua tienen que ver con ríos, represas, tratados, competencia entre los estados, contaminación
y crecimiento de áreas urbanas sin tener en cuenta el suministro disponible de agua. Solamente en Estados Unidos,
podríamos recoger cien historias diarias acerca de esta pareja y, para la conexión combustibles fósiles y conflicto religioso, podríamos recoger mil.

Observe ahora el segundo cuadro (Figura 2) que muestra un mundo diferente.

También es una "jerarquía enredada", solamente que
en lugar de estar basada en el miedo y la codicia, expresa
una conciencia de paz. Como en el primer cuadro, todo aquí
está interrelacionado. Para cada asunto existe actualmente

Jerarquía enredada de amor, compasión, sostenibilidad, conciencia de paz

sufrimiento compartido · comunidad sana · reciclaje · educación holística · Compasión · redefinición de las identidades · filosofía · respeto por · mejor calidad de vida · la vida · amor · sentido de lo sagrado · creatividad · paz mental · granjas orgánicas · ecosistemas saludables · florecimiento del arte · preservación de los bosques · energía · protección de animales · comprensión científica de la realidad

Figura 2

un movimiento y al otro lado hay valores humanos que compartimos. Cuando presento este cuadro, la reacción de la audiencia es de sorpresa y esperanza. Aunque el mundo construido a partir del miedo y la codicia es amenazador, no es todo el mundo y los seres humanos estamos contribuyendo para crear un segundo orden tan real como el primero y mucho más sostenible.

Quiero que escoja algunas parejas de este cuadro y busque la conexión. Por ejemplo:

Sufrimiento compartido + comunidad sana: están conectados por la tragedia del 11 de septiembre y por los vínculos que se establecieron entre las familias de las víctimas.

Reciclaje + *mejor calidad de vida*: están conectados por la disminución de aguas contaminadas en las ciudades que reciclan sus basuras.

Sentido de lo sagrado + *educación holística*: están conectados en los sistemas de educación privada que cuentan con un enfoque espiritual en sus programas de enseñanza.

Lo mismo que en el primero, en este cuadro se pueden hacer cientos de parejas y las conexiones resultan innumerables. Esto significa que el mundo nuevo se ha completado y que no faltan manifestaciones de la conciencia de paz que se fundamenten en el amor y la solidaridad. Estos valores siempre han existido. La principal diferencia entre los dos mundos representados es el nivel de conciencia. El miedo y la codicia provienen de un nivel inferior de la conciencia, un nivel del cual todos participamos, mientras que el amor y la solidaridad provienen de un nivel superior de la conciencia, un nivel del cual también todos participamos.

La pregunta crítica, entonces, es a cuál de los dos niveles queremos obedecer.

La idea de que el mundo cambiará si un número suficiente de personas elevan su nivel de conciencia es absolutamente cierta. El mundo de miedo y codicia no surgió por accidente. El mundo en el que usted y yo vivimos fue construido por la conciencia y, si queremos un mundo nuevo, estamos en ventaja si sabemos lo que significa crear un cambio en el nivel de la conciencia. Profundicemos en esta idea, porque cambiar el nivel de la conciencia puede ser una frase insustancial y cansona para mucha gente, pues hace eco a un idealismo que no conduce a ninguna parte y suena a una filosofía que se contenta con ser espectadora, estando en este mundo pero sin ser parte de él.

Cómo dar nacimiento a un mundo

Siete "bloques de construcción" de la realidad

Pensamiento y creencia
Emociones
Intenciones
Relaciones
Puntos de quiebre y rupturas
Medio ambiente
Visión

Estos factores deben existir y estar activos para que pueda surgir un mundo y no solamente el nuevo mundo que queremos crear. Sucede que cuando el nivel de conciencia está listo para un cambio, en todas estas áreas hay señales de agitación e inquietud, el orden establecido resulta cuestionado y, desde el nivel silencioso e invisible de la conciencia, comienza a emerger un nuevo orden. Se siente como un proceso místico porque un deseo común se despierta sin que las personas se percaten de que están conectadas por medio de hilos invisibles.

Descubrí esta verdad cuando mi hijo Gautama era adolescente. Hijo de inmigrantes, devoto desde la infancia de Krishna (con quien entró en contacto gracias a las tiras cómicas indias que narran las hazañas de los dioses y las diosas), estaba invisiblemente ligado a una tradición: cuando nuestra familia se levantaba para la *puja* matinal con arroz e incienso, esta pequeña ceremonia era continuación de los millones de ceremonias que la habían precedido. Pero, al mismo tiempo y para nuestra tranquilidad como padres, Gautama adoraba el baloncesto y habría dado la vida por su equipo preferido, porque nuevos vínculos lo estaban uniendo invisiblemente a su país adoptivo. Un día, conversando acerca de Vietnam, que terminó antes de que él naciera, tuve la sensación de que mi hijo no sabía qué era la guerra. Recuerdo la impresión que me hizo y la expresión de su cara: *¿Por qué peleaban? ¿Cuál era el motivo de tanta rabia y tanta perturbación?* Le pregunté si se le ocurría un motivo suficiente para iniciar una guerra y su respuesta fue encogerse de hombros. En alguna región de la conciencia se había roto una antigua conexión y ya no tenía importancia todo aquello que la guerra podía ofrecer a las anteriores generaciones: aventura, romance, campo de demostración de machismo, un escenario para la dramatización de la lucha del bien contra el mal. Debo precisar que mi hijo no es indiferente, que se hizo periodista y viaja a las más peligrosas zonas de guerra para hacer reportajes en los que expresa su curiosidad y compasión sobre un tema que, hasta la fecha, no ha podido entender porque se rompió la conexión.

Si observa a su alrededor, encontrará el mismo fenómeno. El proceso de dar a luz el futuro no tiene que ser místico. Siempre han existido en los seres humanos las habilidades necesarias para romper con el pasado, pero el mundo nuevo que actualmente está emergiendo, un mundo que tiene como fundamento la paz, será único. Otros mundos nacieron porque compartían una fe (la Edad Media cristiana, por ejemplo) o una tecnología (el industrialismo occidental, por ejemplo), pero ninguno fue global. Las palabras clave que van a definir la nueva jerarquía son:

Evolución consciente
Autodeterminación
No militarismo
No sectarismo
Solidaridad mundial
Economías sostenibles
Ambientes reconciliados

Es lo mismo que biológicamente le sucedió a usted, sólo que no lo recuerda. Un embrión comenzó a vivir en el vientre materno como una masa de células sueltas y, con el tiempo, una de ellas dio señales de mayor complejidad. Las células se unieron para formar órganos, estos órganos se comunicaron y se percibieron como parte de un todo. La inteligencia intervino para mantener el embrión intacto y, en los últimos meses del embarazo, se formaron nuevas conexiones nerviosas a una velocidad de millones por minuto. Finalmente, el feto era tan complejo que no tuvo otra alternativa que nacer. Un propósito que la naturaleza siempre había tenido en mente pero que sólo sería posible cuando hubiera el orden y el poder suficientes dentro del embrión para que pudiera ser independiente. El orden social sigue el mismo patrón antes de nacer. Cuando la gente dice: "Yo creo en todas estas cosas que usted menciona. ¿Por qué no se han hecho realidad aún?", percibo las respuestas desalentadoras que se dan: *nadie puede vencer el sistema, los problemas son demasiado graves, la violencia masculina es innata, la naturaleza humana siempre ha sido autodestructiva, hay demasiada ignorancia en el mundo.*

Estos obstáculos son fantasmas. Existían antes del nacimiento del cristianismo y, sin embargo, el mundo cristiano nació a partir de trece individuos. Las barreras de la ignorancia y la superstición existieron en todas las sociedades antes del surgimiento de la ciencia y la tecnología, pero la manzana de Newton dio comienzo al mundo en que vivimos. La respuesta al porqué no vemos un mundo nuevo es que no está listo para nacer y no estará listo mientras los "bloques de construcción" no sean suficientemente sólidos.

Tomar conciencia de nuestro poder

El uso de la conciencia para dar forma al tiempo

Pensamiento y creencia. Si usted cree suficientemente en algo, comenzará a verlo. La realidad está hecha desde niveles impalpables: una intuición momentánea o un deseo que no se deja escapar. Pensar en la paz es un medio poderoso para crearla si el pensamiento proviene de un nivel profundo. Jesús y Buda fueron, principalmente, pensadores que creyeron que sus procesos mentales podían modificar la realidad.

Y usted posee las mismas herramientas, pero no las está utilizando para cambiar la realidad.

Emociones. Habitualmente las personas utilizan sus emociones para desahogarse. La ira y la ansiedad reprimidas necesitan una salida, pero la emoción liberada es mucho más poderosa porque el sentimiento conlleva verdad. La mente puede racionalizar la vida en una cultura mecanizada dominada por la tecnología de la muerte, pero nuestras emociones dicen otra cosa: aspiran a fluir libremente, sin ansiedad y sin tener que estar siempre vigilantes ante los enemigos. Este nivel de la conciencia aprovecha cualquier oportunidad para buscar una mayor felicidad y satisfacción. Para ello, las emociones son una guía confiable. Por eso, sentir la angustia de la guerra y compasión por sus víctimas es una fuerza que mueve al cambio.

Intenciones. Por sí mismos, los pensamientos y las emociones fluyen libremente, pero para darles un propósito, hay que agregarles la intención, que es, más que una dirección, un camino que se quiere seguir. Si proviene de un nivel profundo, una intención despeja el camino para su propia ejecución y, como si surgieran de la nada, los eventos comienzan a organizarse por sí solos para convertir los pensamientos en realidad. Las intenciones son más poderosas cuando son positivas y creativas: no basta con desear que no ocurran cosas malas, hace falta proponer algo nuevo que reemplace lo viejo. Los movimientos en favor de la paz que consisten únicamente en estar en contra de la guerra nunca han logrado su propósito. Por eso tenemos que concebir un orden completamente nuevo fundamentado en la paz para que, entonces, fuerzas ocultas comiencen a gestar esa realidad.

Relaciones. Los elementos anteriores provienen de la interioridad. Sin embargo, la conciencia no es solamente un fenómeno interno. Necesita exteriorizarse y esto ocurre a través de las relaciones y solamente podemos construir un mundo de paz relacionándonos pacíficamente. Las relaciones son el crisol de la realidad y constituyen una prueba de fuego para saber si alguien está libre de violencia, si es posible encontrar soluciones pacíficas para los problemas, si un ideal puede ser viable. Un mundo en paz surge cuando nos relacionamos, persona por persona, como seres pacíficos.

Puntos de quiebre y rupturas. A medida que el estado de conciencia realiza su trabajo, las uniones del antiguo orden comienzan a debilitarse y acaban por romperse. En esos momentos, las personas experimentan una ruptura personal que prueba que la conciencia está en acción. Al quebrarse los antiguos patrones, se comienza a ver luz en lugar de oscuridad. Las rupturas se producen porque los anteriores "bloques de construcción" cumplieron su función. En el primer capítulo mencioné que en el año 2003 hubo menos muertes a causa de la guerra que en cualquier otro año desde el final de la Segunda Guerra Mundial. Yo interpretaría esto como una ruptura, no como un hecho fortuito, que podría ser tan significativa como la caída del Muro de Berlín, la que consideraría como un punto de quiebre. Una ruptura ofrece un rayo de luz; un punto de quiebre modifica la forma del tiempo. El movimiento en favor de la paz necesita prestar atención a las rupturas y difundirlas por todo el mundo.

Medio ambiente. Prácticamente nadie duda de que el medio ambiente está enfermo, herido por la peligrosa indiferencia de los seres humanos. El mundo físico refleja nuestras heridas porque su enfermedad comenzó en nosotros. Cuando un número suficiente de personas se hayan sanado a sí mismas, el medio ambiente también lo va a reflejar. No me refiero a cambios de política y a adoptar el acuerdo de Kioto. La naturaleza es una expresión viva del estado de conciencia. Se adapta a nuestra evolución como nosotros nos adaptamos a ella. La relación, como ocurre con todo en la "jerarquía enredada", es recíproca e interdependiente. Resulta perturbador que una gran parte del pensamiento de la Nueva Era esté centrado en cambios catastróficos de la tierra, como terremotos y debilitamiento de la capa de ozono. Esta clase de negativismo profético nada bueno puede conseguir. En cambio estimula la realización de la profecía, aunque lo que queremos es todo lo contrario. El principio que hay que tener en mente es que la conciencia quiere evolucionar. Por lo tanto, es más fácil estimular la sanación que mostrarse partidario de la enfermedad. Necesitamos confiar en que es verdad que el amor y el respeto por el medio ambiente pueden reversar el creciente deterioro del mundo físico porque, en un sentido muy real, el medio ambiente está sostenido por la conciencia humana. Si ponemos la conciencia del lado de la catástrofe, la naturaleza identificará que esa forma de pensar es nuestra propuesta para el futuro, mientras que el movimiento en favor de la paz se muestra partidario de salvar el planeta, poniendo de este lado millones de propuestas similares. Y, como quiera que estas decisiones brotan de la profundidad de la conciencia, pesarán mucho más que decisiones impensadas a favor de la destrucción.

Visión. Cuando todos los elementos anteriores estén en su lugar, la visión se pone en movimiento. En lugar de marchitarse como un ideal que nunca llegará a ser realidad, una visión fundamentada en la conciencia tiene que hacerse realidad, pero la prueba aparece siempre en retrospectiva. Colón y Magallanes estaban ocupados en los pormenores de sus respectivos viajes, muy largos y peligrosos, sin tener seguridad de llegar con vida. Pero detrás de ellos, como podemos saberlo ahora, estaba la presión de la conciencia colectiva. La Edad de la Exploración había reunido energía y voluntad suficientes para llegar a ser realidad histórica. Esta mezcla de visión personal y cambio histórico es misteriosa y, aunque sólo recordemos los principales exploradores y descubridores, llama la atención la forma como ciudadanos comunes y corrientes se involucraron en el cambio.

El movimiento en favor de la paz tiene que dar un paso más, no solamente involucrando a las personas comunes y corrientes, sino también sabiendo cómo se hace. Estos "bloques de construcción" de la concientización son el único medio que tenemos y son, afortunadamente, los más poderosos. Podemos dejar los depósitos militares y las compañías multinacionales a quienes se sientan atraídos por ellas y, por lo tanto, van a defenderlas. Estos símbolos del antiguo orden no son otra cosa sino conciencia congelada cuyo poder puede afectar el diario vivir. Ahora bien, en nuestras manos están las riendas del cambio.

Quienes sepan movilizar el proceso de concientización en la dirección de la evolución forman parte del movimiento en favor de la paz. Es algo profundamente alentador porque no puede haber un ser humano cuya composición no incluya, al menos, un poco de devoción por la evolución, como lo asegura nuestro innato deseo de mayor felicidad.

No obstante, otra parte de la persona puede creer que la felicidad aumenta construyendo nuevas armas, descubriendo nuevas tecnologías de la muerte o viviendo en un país militarizado, porque el antiguo orden tiene el materialismo de su parte. La parte vital de la toma de conciencia es siempre el borde de ataque, la parte que quiere evolucionar, pero aunque el impulso evolucionario resulta irresistible, toma tiempo para que el borde de ataque logre convencer a toda la persona de renunciar a los antiguos hábitos.

Lo mejor que podemos hacer hoy por la paz es estimular, cada uno de nosotros, el impulso evolucionario. El desarrollo de la conciencia de la paz es un proyecto práctico y cuantos más nos comprometamos cada día, más impulso le aportamos al futuro, un futuro que no existe en el tiempo, que no es un lugar sobre el horizonte del mañana, sino la forma siguiente que toma la conciencia. Una flor es el futuro de una semilla. Toma tiempo para que la semilla se convierta en flor, pero el patrón inscrito en los genes de la planta controla el tiempo, lo utiliza para producir una realidad que estaba impresa. Así mismo, la conciencia de la paz, una vez impresa en nuestra mente, puede utilizar el tiempo para un despliegue que estaba previamente configurado.

El movimiento en favor de la paz tendrá resultados positivos si nos proponemos, cada día, pequeños logros como los de este programa en favor de la paz que usted puede poner en práctica aquí y ahora.

Siete ejercicios en favor de la paz
Cómo convertirse en hacedor de paz

El programa en favor de la paz lo invita a convertirse en hacedor de paz realizando, cada día, una acción concreta concentrada en hacer realidad la paz, paso por paso, en su vida personal.

Domingo: Ser en favor de la paz
Lunes: Pensar en favor de la paz
Martes: Sentir en favor de la paz
Miércoles: Hablar en favor de la paz
Jueves: Actuar en favor de la paz
Viernes: Crear en favor de la paz
Sábado: Compartir en favor de la paz

Cada ejercicio sólo toma unos cuantos minutos. Puede hacerse en privado o en público, pero quienes lo rodean sabrán que usted está en favor de la paz por su forma de actuar en el diario vivir.

Domingo: Ser en favor de la paz

Dedique hoy cinco minutos a meditar acerca de la paz. Siéntese en silencio y cierre los ojos. Preste atención a los latidos de su corazón y repita interiormente estas cuatro palabras: paz, armonía, risa, amor. Permita que desde el silencio de su corazón estas palabras irradien hacia su cuerpo.

Al terminar la meditación, dígase a sí mismo o a sí misma: hoy voy a despojarme de todo resentimiento. Recuerde algún resentimiento contra alguien y déjelo ir. Perdone a esa persona.

Lunes: Pensar en favor de la paz

El pensamiento tiene poder cuando está respaldado por la intención. Introduzca hoy en sus pensamientos la intención de actuar en favor de la paz. Haga un momento de silencio y luego repita esta antigua oración:

Haz que yo sea amado, haz que yo sea feliz, haz que yo sea pacífico.
Haz que mis amigos sean felices, amados y pacíficos.
Haz que quienes considero como mis enemigos sean felices,
amados y pacíficos.
Haz que todos los seres sean felices, amados y pacíficos.
Haz que el mundo entero experimente la felicidad, el amor y la paz.

Si en algún momento del día se siente dominado o dominada por el miedo o la ira, repita estas intenciones. La oración le ayudará a centrarse de nuevo.

Martes: Sentir en favor de la paz

Este día es para experimentar las emociones de la paz: compasión, comprensión y amor.

Compasión es compartir el sufrimiento y, cuando sentimos el sufrimiento de otra persona, nace la comprensión.

Comprensión es saber que el sufrimiento es compartido por todos y cuando comprendemos que no estamos solos en nuestro sufrimiento, nace el amor.

Y, cuando hay amor, hay oportunidad para la paz.

En el curso del día observe a un desconocido y dígase a sí mismo o a sí misma en silencio: *Esta persona es como yo y como yo ha experimentado alegría y tristeza, desesperación y esperanza, miedo y amor. Como yo, esta persona tiene gente que se preocupa por ella y la ama. Como la mía, la vida de esta persona no es eterna y un día acabará. La paz de esta persona es tan importante como mi paz. Quiero que haya paz, armonía, risa y amor en su vida y en la vida de todos los seres.*

Miércoles: Hablar en favor de la paz

Hoy, hágase el propósito de hacer felices a sus interlocutores y dígase a usted mismo o a usted misma: hoy, cada palabra que pronuncie la escogeré conscientemente y evitaré las quejas, los juicios de valor y las críticas.

El ejercicio consiste en realizar alguna de las siguientes acciones:

Dígale a alguien cuánto lo aprecia.

Exprese auténtica gratitud hacia quienes le han ayudado y amado.

Ofrezca palabras de alivio o de aliento a alguien que las necesite.

Demuéstrele respeto a alguien cuyo respeto usted valora.

Si descubre que reacciona en forma negativa o agresiva contra alguien, guarde silencio. Espere a recuperar la calma para hablar y hágalo, entonces, con respeto.

Jueves: Actuar en favor de la paz

Hoy es el día para ayudar a alguien que lo necesite: un niño, un enfermo, un anciano o un inválido. La ayuda puede ser de muchas maneras. Dígase a sí mismo o a sí misma: *Hoy voy a sonreírle a alguien a quien no conozca. Si alguien me injuria o injuria a otra persona, le responderé con un gesto de bondad. Le enviaré un regalo anónimo a una persona, sin tener en cuenta su condición. Ofreceré mi ayuda sin esperar gratitud o reconocimiento.*

Viernes: Crear en favor de la paz

Proponga hoy una idea creativa para solucionar un conflicto personal, familiar o con sus amigos. Si puede, trate de crear una idea que sirva en su comunidad, su país o a nivel mundial.

Puede cambiar un viejo hábito que no funciona, mirar a alguien de una nueva manera, decir unas palabras que nunca antes había dicho o pensar en una actividad que integre a un grupo de personas para pasarlo bien y divertirse.

En un segundo momento, invite a un miembro de su familia o un amigo a proponer una idea del mismo estilo. La creatividad se siente mejor cuando es uno mismo quien propone la nueva idea o el nuevo enfoque. Haga saber que usted acepta y disfruta la creatividad. Permita que fluyan las ideas y ensaye lo que resulte llamativo. El propósito aquí es crear vínculos, porque solamente cuando nos vinculamos con los demás nace la confianza mutua y, cuando hay confianza, no hay lugar para hostilidades y sospechas, los dos grandes enemigos de la paz.

Sábado: Compartir en favor de la paz

Hoy comparta con dos personas el ejercicio de hacer la paz. Deles este texto e invítelos a comenzar los ejercicios diarios. A medida que más gente participe, la acción se expandirá para formar una masa crítica.

Celebre hoy, con alegría su propia conciencia de la paz con otra persona consciente de la paz. Comuníquese con ella por correo electrónico o por teléfono.

Comparta su experiencia de mayor paz.

Comparta su gratitud porque alguien tome tan en serio como usted el asunto de la paz.

Comparta sus ideas para ayudar al mundo a convertirse en una masa crítica.

Haga cuanto pueda para ayudar a alguien que quiera convertirse en hacedor de paz.

Se adelantan esfuerzos para dar a este sencillo programa alcance mundial. Es posible integrarse en comunidades de concientización que, en la era del internet, no tienen que estar presentes físicamente aunque en un futuro cercano podrán tomar ese rumbo. Una comunidad de concientización utiliza "bloques de construcción" invisibles para construir una nueva realidad. Éste es el lazo que nos unirá a pesar de las distancias. Los siete ejercicios en favor de la paz son sencillos, pero practicados a gran escala, su poder no tiene límites. Transformarse en hacedor de paz no significa convertirse en activista y participar en marchas de protesta, no hace falta estar en contra de algo, no se necesita dinero: lo que se pide es interiorización y dedicarse a la construcción de la paz.

Y, a lo mejor, puede funcionar.

A pesar de que usted no vea que la violencia alrededor del mundo disminuya, sabrá en lo profundo de su corazón que ha dedicado su vida a la búsqueda de la paz. La única razón para convertirse en un hacedor de paz es que las demás propuestas han fracasado. Nadie sabe lo que debe ser la masa crítica para que la paz se constituya en el fundamento de un nuevo orden; su deber y el mío es producir el cambio a través de la transformación personal. ¿No valdrá, entonces, la pena dedicar algunos minutos del día para poner fin a treinta guerras alrededor del mundo y, quizás, a todas las que en un futuro cercano puedan estallar? La guerra es como el cáncer: sin tratamiento, empeora. En el momento actual, 21.3 millones de soldados están enlistados en ejércitos alrededor del mundo. ¿No podríamos reclutar una brigada de paz diez veces más grande?

¿Cien veces más grande?

Con usted el proyecto puede comenzar ya.

El espectro de "ellos"

El camino de la paz nos enseña que nadie es enemigo. Se trata de un cambio radical que tiene que realizarse paso a paso respecto a la forma como nos enseñaron a sentir. El primer paso consiste en dejar de creer en ese monstruo legendario que llamamos "ellos", porque cuando se encuentra al enemigo cara a cara, se descubre como un ser humano. Leí hace poco que el 6 de junio de 1945, la fecha en que los aliados desembarcaron en Normandía, apenas uno de cada veinticinco soldados obedeció la orden de disparar contra los alemanes que defendían las playas.

Al terminar la guerra, cuando se reconoció el Día-D como una victoria del derecho y el bien, este dato no se hizo público. Únicamente se mencionó en un informe interno del Ejército de Estados Unidos y la razón para no disparar no fue considerada un acto de cobardía: los soldados estadounidenses no pudieron disparar contra los alemanes porque los vieron como seres humanos. Desde niños les habían enseñado que la ley de Dios prohíbe matar e, incluso en el fragor de la batalla, no podían olvidar esta enseñanza. Tal renuncia a disparar contra el enemigo se convirtió en un problema para el ejército, que decidió, entonces, cambiar sus métodos y, en vez de tener que disparar y matar a otro ser humano, a los soldados se les enseñó a "hacer contacto con el objetivo" o a "cumplir con el objetivo estratégico", lo cual quiere decir "matar a un ser humano" pero disfrazando el mismo hecho brutal con otras palabras. La solución era condicionar a los soldados para que nunca consideraran al enemigo como ser humano.

Ahora bien, deshumanizar a quienes están del otro lado no es un invento moderno sino una táctica antiquísima fundamentada en la noción de que "ellos" son el enemigo. El movimiento en favor de la paz condena el haber convertido la guerra en un juego de video de alta tecnología en el que los soldados ven al enemigo en pantallas electrónicas y disparan las armas desde grandes distancias sin ver nunca el rostro de aquéllos a quienes destruyen.

Las reglas del juego "nosotros" contra "ellos"

Creencias que mantienen una falsa lógica

Tiene que ser "nosotros" contra "ellos".

"Ellos" son malos, "nosotros" somos buenos.

Tenemos que derrotarlos o nos destruirán.

"Ellos" creen en un falso Dios.

"Ellos" están locos.

"Ellos" nos odian y probablemente siempre nos odiarán.

"Ellos" se lo merecen.

Aunque esta lógica suene absurda, es la lógica que actualmente se utiliza. Un estudiante de historia conoce cuál fue la reacción británica a la Primera Guerra Mundial. Antes de 1914, el año en que estalló la guerra, Alemania era una nación entre las demás naciones y, aunque no fuera una nación aliada, era respetada por su cultura y su filosofía pero, cuando la guerra comenzó, los alemanes fueron calificados como bárbaros despreciables y acusados de torturas crueles, de asesinatos de bebés y de todo tipo de crímenes monstruosos. Esta satanización era parte necesaria de la campaña de propaganda para mantener la exaltación en favor de la guerra.

La misma satanización se da actualmente por las mismas razones. Los líderes de la guerra saben que es efectivo convertirlos a "ellos" en criaturas del mal, pero en la "jerarquía enredada" no es posible separar la verdad de la ficción. Verdaderas atrocidades son parte del "enredo", al lado del verdadero horror y consternación ante los sucesos. La parcialidad pone su parte, puesto que las atrocidades cometidas de nuestro lado son minimizadas y disculpadas mientras se exageran las cometidas por "ellos" o las que se sospecha que hayan cometido.

No cabe duda de que explotar el temor es un acto de crueldad. La razón última por la cual "ellos" son convertidos en demonios es para poder matar un mayor número con la conciencia tranquila. Y la crueldad es justificada porque el fin único que se pretende es la victoria que, en la perspectiva ética según la cual lo más importante es vencer, el fin tiene que justificar los medios, dado que perder es un resultado negativo y, por lo tanto, inaceptable. Esto es verdad en las competencias deportivas en las que "nosotros" contra "ellos" resulta inocuo, pero en la guerra, la victoria es un espejismo, a no ser que se haga caso omiso de las pérdidas de vidas del lado de los perdedores y no se tengan en cuenta los horrores de la guerra que soportaron los soldados de nuestro lado para conseguir la victoria.

El camino de la paz invita a abolir la lógica del "nosotros" contra "ellos" y a acabar con el sometimiento a sus reglas, cada una de las cuales deja de ser válida cuando se considera como falsa e innecesaria.

Tiene que ser "nosotros" contra "ellos"

La primera regla es la más poderosa y siempre lo ha sido. Podemos considerarla como la raíz del conflicto porque el conflicto exige división. En términos espirituales, sin embargo, la división es el problema, no la respuesta, pero se convierte en respuesta cuando se piensa en términos de "nosotros" contra "ellos". Si no nos podemos librar de los que no son como nosotros, ¿por qué no luchar contra ellos? Es hacer de su "otredad" la motivación, lo cual es un engaño, porque no existe otra alternativa, excepto salvar la diferencia y acabar con la "otredad". Si aceptamos el camino de la paz, el propósito es siempre aliviar y nunca estar en contra. No es suficiente decir que los islamistas radicales son "algo malos", aunque suene moderado y razonable, porque es, en últimas, pensar en términos de "nosotros" contra "ellos" y aceptar la guerra contra su maldad. La alternativa es clara: superar el concepto de división a nivel personal y no dejar que juicios ligeros acerca de lo malos que "ellos" son, nublen el resultado.

"Ellos" son malos, "nosotros" somos buenos

Esta regla le pone dramatismo a la pelea. En lugar de enfrentar la verdad, que es que todos estamos atrapados en la división y necesitamos escapar, podemos caer en la eterna guerra entre el bien y el mal. Es atractivo encontrar a quién atacar en lugar de ver el enemigo que hay dentro de nosotros. La eterna guerra entre la luz y las tinieblas sirve como pretexto y lo que hace de ella una farsa es que esta batalla nunca es definida, porque la vida es siempre variada, confusa, revuelta y agitada, y en ella estamos todos juntos, a pesar de que parezca atractivo cargarlos a "ellos" con todo lo malo.

Tenemos que derrotarlos o nos destruirán

El paso siguiente es esta regla que los convierte a "ellos" en agresores y que, como táctica de miedo, es muy efectiva. El mal, una vez etiquetado, no se queda quieto: se extiende, quiere conquistar y aniquilar. Es la misma lógica que funciona para las fobias: si usted sufre un miedo profundo a los insectos, por ejemplo, se imagina que ellos lo saben, y que los saltamontes y las arañas existen para perseguirlo o perseguirla, pero si se sitúa por fuera de la fobia, inmediatamente ve que los saltamontes no tienen un sentido oculto que les dice a quién deben perseguir ni existen para perseguir a nadie, a pesar de que puedan ser destructivos para las cosechas.

Rara vez el mal es implacable. Puede ser increíblemente obstinado y, en algunos casos (el clásico es Hitler) toda una sociedad puede ser presa de una psicosis que confunde el bien y el mal. En las familias, el abusador puede adquirir tal poder que los otros miembros olvidan que les está haciendo daño y, por el contrario, se ponen de su lado. Pero a pesar de lo obstinado que puede ser el mal, no existe un "ellos" que personifique todo el mal y cuya única misión sea destruir el bien.

"Ellos" creen en un Dios falso

Esta regla es otra forma de reforzar el estatuto de la virtud, suponiendo que Dios quiere la guerra y toma partido, poniéndose de parte de los que lo conocen y en contra de los que falsamente lo adoran. Pienso que aquí la lógica del "nosotros" contra "ellos" pierde fuerza para mucha gente. La enseñanza de un Dios omnipotente ha calado muy profundamente, aunque la idea de que sabemos lo que Dios quiere es incierta, sobre todo si se piensa seriamente acerca de Dios y parece que necesita defenderse. Después de todo, es eterno, lo que significa que ha existido desde un tiempo infinito antes del momento actual y seguirá existiendo por un tiempo infinito después. ¿Cómo podría estar amenazado? Los argumentos que ponen a Dios de parte de los unos se aplican igualmente a los otros y, por lo tanto, los dos se anulan entre sí. A diferencia del camino de la violencia, el camino de la paz no necesita a Dios para que lo justifique porque se justifica por sus propios méritos como un medio para mejorar la vida de todas las personas.

"Ellos" están locos

Ésta puede parecer una de las reglas más absurdas, pero que se ha convertido en una de las más atractivas, aun para los más sofisticados. Se considera que los islamistas radicales están bajo el dominio de extraños procesos de pensamiento, que rechazan el mundo moderno y su tecnología, que se niegan a aceptar la rectitud evidente del Occidente capitalista, que quieren arrastrar el mundo hacia una época medieval, que fue la última vez que se sintieron a gusto. Y, en lugar de considerar que sus ideas son contrarias, las consideramos locas, como si alguien propusiera el regreso de la esclavitud o la subyugación de las mujeres (esta idea se cuela fácilmente entre los absurdos argumentos contra todo lo que tenga que ver con el islam).

Lo que hace que este argumento resulte tan subversivo es creer que la violencia que se comete contra los locos es por su propio bien porque no son responsables de sus actos y están engañados. Por lo tanto se justifica tomar el control de su vida. Pero matar a las personas por su propio bien puede hacer que el peso de la irracionalidad caiga del lado de "nosotros" y no del lado de "ellos".

"Ellos" nos odian y probablemente siempre nos odiarán

Esta regla es una proyección, ya que consiste en imaginar cómo siente alguien porque queremos o necesitamos que sienta así, y es más fácil hacerle daño si creemos que nos odia. ¿Pero por qué tiene que ser así? Es como si usted le apunta con un revólver a la cabeza de alguien y le dice, "Voy a dispararle, pero solamente si puedo explicarme cuál es la causa de su disposición de ánimo", que es una forma de pretender que la violencia es moralmente buena porque se siente que es buena. Sentimientos y emociones no modifican la inmoralidad de la violencia. Es verdad que en algunos países un individuo acusado de cometer un crimen pasional puede ser dejado en libertad, pero en tales casos la enemistad no está en la víctima sino en el criminal. Es nuestra enemistad, no la enemistad de "ellos", la que nos enceguece y, así, haciendo que "ellos" sean los que odian procuramos mantener la bondad de nuestro lado, evitando el único proceso que puede acabar con la violencia: mirar dentro de nosotros mismos para descubrir nuestro lado oscuro.

"Ellos" se lo merecen

Esta regla elimina totalmente la responsabilidad del lado que comete la violencia y echa todo el peso sobre la víctima. En los casos de violencia doméstica, es frecuente que el abusador se queje porque "ella me obligó", pintándose como un esposo tolerante y resignado que no tuvo más remedio que ejercer represalias porque, para su integridad psicológica, las personas violentas pueden caer en esta lógica. (En una conferencia de prensa, O. J. Simpson se describió a sí mismo como la verdadera víctima de su matrimonio, a pesar de que acababa de cometer un asesinato.)

Culpar a la víctima es la forma más inmoral y perjudicial de la lógica del "nosotros" contra "ellos". Alcanzó su más horrendo nadir cuando los oficiales alemanes de la SS encargados de los campos de concentración se quejaban de que los judíos los obligaban a hacer lo que estaban haciendo. Era una queja generalizada ya que, de otro modo, el oficio de manipular los cadáveres y las cenizas a gran escala habría sido intolerable y si no hubieran culpado a las víctimas habría sido considerado como insania. El camino de la paz es claro al respecto: nadie merece ser violentado y los actos de violencia que uno comete recaen únicamente sobre sus hombros y sobre los de nadie más. Nunca pueden ser la excusa.

En la "jerarquía enredada", víctima y victimario están unidos. En últimas, no existe un "ellos" porque todos estamos conectados. Tenemos que aprender a pensar en el nivel de la conciencia colectiva —la conciencia que nos configura como una humanidad— como una forma habitual de pensar. De lo contrario, rige la lógica del "nosotros" contra "ellos". Las conexiones, en este estadio, son débiles y las desconexiones son tan frecuentes que muy pocos se dan cuenta de lo peligrosas que son. ¿Cuántas veces ha asumido una de las siguientes actitudes?

Querer que su equipo favorito aniquile al adversario
Respaldar a un candidato político que utiliza propaganda sucia
Desear que su compañía le gane a la competencia
Tratar de verse mejor que sus vecinos
Rezar para triunfar sobre un rival cuando se trata de conseguir un aumento de sueldo o un nuevo empleo

En todos estos casos, en la "jerarquía enredada" entran en juego diversos ingredientes relacionados: competitividad, interés personal, ego, autoimagen, imagen familiar, orgullo nacional y ciudadano, ira, envidia. Cada contexto es único y, sin embargo, todos son iguales. El individuo comienza por identificarse con algún conflicto. Si hay demasiado desacuerdo, no hay esperanza de sanación para la relación "nosotros" contra "ellos". El desacuerdo es el combustible que los mantiene a "ellos" en condición de inferioridad. Nos definimos porque no somos como "ellos".

Éste es realmente el nudo del asunto. El camino de la paz nos dice que nuestra verdadera identidad solamente existe en el nivel del espíritu. Todas las demás identidades son temporales y muchas son sencillamente falsas. La identidad no exige pensar. Por ósmosis se absorbe una influencia tras otra, hasta se constituyen en una segunda naturaleza las voces interiores, las opiniones que surgen espontáneamente, la lista de lo que nos gusta y nos disgusta. Hace falta inteligencia para hacer a un lado estos juicios que llevamos incrustados, porque tales juicios nacen de una decisión. Un niño no tiene más remedio que absorber las influencias por ósmosis, pero a muy temprana edad se desarrolla la capacidad crítica y, desde entonces, el individuo cuenta con un mecanismo consciente para tomar decisiones.

Como individuo capaz de ser libre, debo enfrentarme a la pregunta acerca de quién soy. Para responder, tengo que examinar las capas de falsa identidad que equivocadamente me hacen creer que ese soy yo. El lado práctico de este proceso se reduce a una pregunta muy simple que, como un pulpo mental, tiene muchísimos brazos.

¿Pienso por mí mismo? O pienso como:

Un típico indio.
Un típico doctor.
Un típico californiano.
Un típico ciudadano estadounidense.
Un típico hombre de mediana edad.
Un típico individuo de mi nivel de ingresos.

Querámoslo o no, todos somos "típicos". Nuestra identidad depende, en gran parte, del grupo al cual pertenecemos y de un estatus exterior. Nos identificamos con dinero y riquezas, éxito y fracaso: son las capas exteriores de la falsa identidad, las reacciones típicas que consideramos propias pero que realmente corresponden a un tipo de persona.

Resulta difícil, algunas veces, gracias a la imagen que nos hemos hecho de nosotros mismos, creer que somos productos en serie. Cuando usted expresa una opinión y alguien reacciona diciendo "típico", ¿no es un insulto? Pero fíjese en la forma como usted mismo o usted misma asimila la información. Del bombardeo diario de miles de noticias, su mente recoge, sin mayor esfuerzo, las que coinciden con sus condicionamientos. Si sus condicionamientos, como los míos, son los de un médico indio de mediana edad que vive en un sector de estrato alto en California, reaccionará a la noticia de desórdenes raciales en Nueva Delhi o de un huracán en la Florida o del aumento de los costos por mala práctica en forma "típica". Puede que quede un pequeño espacio para su reacción personal pero, francamente, muy pequeño. A no ser que conscientemente su mente se desvíe hacia otros cauces, reaccionará en forma "típica". Las noticias de la India lo sacudirán, los huracanes que afectan lugares lejanos le producirán alguna leve reacción, el aumento en los costos por mala práctica le causarán alarma.

La siguiente capa de identidad es más personal pero igualmente ilusoria.

¿Pienso por mí mismo o mí misma? O pienso como:

Todos en mi familia.
Mis padres cuando me estaban educando.
Mis amigos más cercanos.
Mis pares intelectuales.
Alguien a quien quiero.

En este nivel, la falsa identidad tiene más atractivos. ¿No es bueno identificarse con aquéllos a quienes amamos y respetamos? Ciertamente, pero no es bueno absorber sus ideas y opiniones como si fueran propias, cuando en realidad usted escoge tales pensamientos y opiniones por motivos ocultos: quiere ser aceptado o aceptada, quiere ser amado o amada, respetado o respetada, considerado o considerada inteligente. Uno de mis amigos que se mueve en círculos liberales me llamó para contarme que le había hecho mucho bien el discurso de aceptación del presidente Bush en la Convención Nacional Republicana de 2004 en Nueva York.

"Yo no esperaba esta reacción", me dijo, "y no me sorprendió que hubiera obtenido lo que se llama un batatazo. Pero cuando comencé a expresar mi opinión, a mis amigos no les gustó. Algunos se disgustaron, como si yo estuviera apoyando al enemigo. Algunos me rechazaron, como si yo hubiera dicho que el diablo hace hostias. Algunos consideraron que no podía ser verdad, que yo me había equivocado.

"Después de un rato, me sentí avergonzado de mi reacción original y me disculpé. Les aseguré, aunque nadie me lo pidió, que mi lealtad no había cambiado y agregué algunas críticas gratuitas contra Bush para que todos supieran de qué lado estaba. Sé que la reacción no fue apropiada".

Este episodio resume la inseguridad que produce romper con la identidad habitual porque dejamos de sentir que estamos en un terreno seguro. Las personas con quienes contamos pueden retirarnos su amistad, su amor y su respeto, y la posibilidad de que algo así pueda ocurrir resulta aterradora. Nos aferramos a la falsa identidad porque resuelve el problema de aislamiento. En lugar de estar solos y apartados, pertenecemos a un grupo, pero si pertenecemos gracias a algo tan trivial como la opinión, ¿qué tiene de bueno pertenecer y qué tan real es?

Una vez que usted se pregunte seriamente, "¿estoy pensando por mí mismo o por mí misma?", comienza a desenredarse toda la jerarquía de la identidad. Si sigue preguntándose sin desanimarse, con el tiempo podrá llegar al núcleo, que es el nivel último de la falsa identidad.

¿Estoy pensando por mí mismo o por mí misma? O estoy pensando como:

La persona que yo era ayer.
La persona que quisiera ser.
Una imagen ideal de mí mismo o de mí misma.
Un "don nadie" tratando de ser "alguien".

Es difícil el proceso de desnudarse, porque parece suicida llegar al nivel en el que lo que queremos es ser alguien y no un "don nadie" perdido en un mar de cuerpos y rostros. La paradoja de las distinciones es que, a un mismo tiempo, sirve como problema y como solución. Establecemos estas capas de falsa identidad con el fin de distinguirnos de los demás para sentirnos únicos y especiales: no soy un vagabundo que predica el cambio en una esquina sino un hombre de negocios bien vestido que pasa de largo por esa misma esquina; no soy un miembro de una banda de jóvenes latinos arrestado por vender droga sino un ciudadano honrado que paga impuestos para contar con una fuerza de policía.

Sin embargo, la distinción es, al mismo tiempo, el problema, que es el porqué veneramos figuras como Jesús, porque enseña que no somos lo que aparentamos. La humanidad común está más allá de la propia imagen. No se trata de determinar si usted es alguien o es un "don nadie", porque si usted elige el camino de la paz no intentará desesperadamente ser un "don nadie". Este tipo de distinciones dejan de tener poder sobre usted, porque usted se convierte en algo diferente y, en lugar de una etiqueta, usted se hace humano. En lugar de "yo soy X", se convierte en "yo soy" y, al salvar la diferencia, comienza el verdadero conocimiento.

Debo subrayar que esta transformación no es mística. Si me enfrento a la primera capa de la falsa identidad, sencillamente me descubro pensando en forma "típica" y presto atención a mis reacciones cuando sueno como un "típico" indio, un "típico" doctor, un "típico" varón de mediana edad. Al darme cuenta, simplemente puedo dejar de hacerlo. No le doy a mis opiniones un volantín, ni hago el esfuerzo de parecer estadounidense, sofisticado, joven, populista o cualquier otra cosa que vaya en contra del prototipo. Sería cambiar un prototipo por otro. En cambio, me digo a mí mismo: "Éste no es mi verdadero yo". Ese solo pensamiento tiene un inmenso poder: desafía a la mente perezosa y le exige que piense por sí misma.

Entonces puedo seguir profundizando. Descubro que lo que digo busca que los demás me aprecien más, y si mis palabras son una forma de decir "quiéranme", "acéptenme", "respétenme", me detengo. En esta acción no hay nada místico: en lugar de hablar, escucho; en lugar de buscar mi propio interés, pienso en lo que todos quieren, o en lo que es moral y bueno a diferencia de lo que la mayoría quiere. Una vez más, todo comienza cuando reconozco: "Éste no es mi verdadero yo".

Finalmente, si soy absolutamente honesto, puedo llegar al nivel más profundo. Si me encuentro hablando a favor de mi ego, me detengo. Esto es más difícil, porque la única alternativa frente a sentirse importante es la humildad y el ego odia la humildad, porque ser humilde es signo de debilidad de carácter. Me siento desprotegido, vulnerable. Todos esos "don nadies" que andan por el mundo pueden pensar que soy uno de ellos. Por eso hace falta negociar conmigo mismo para poder avanzar. Y un día u otro volveré a caer en las antiguas estrategias y tácticas del ego, esa parte pomposa, insegura y siempre vigilante que todos tenemos, que es la que quiere ser importante. Esta negociación puede tomar años, pero tengo en la mano el triunfo. Sé que mi autoimagen no es mi verdadero yo y, por lo tanto, lo que el ego considera como la mayor humillación no es tal: no me estoy convirtiendo en un "don nadie" sino que me estoy volviendo real.

Después de llevar el asunto "nosotros" contra "ellos" hasta su núcleo espiritual, quisiera abordar el nivel más crudo de este fenómeno, que es el que tiene que ver con el terrorismo. Los terroristas son los nuevos bárbaros. Como Roma, enfrentando las hordas de los godos que invadían el imperio, estadounidenses y europeos consideran hoy que la amenaza del terrorismo viene desde el otro lado de las fronteras de la civilización. Un ciudadano romano de los últimos tiempos del imperio lanzaba oprobios contra los bárbaros que hoy resultarían familiares: no tienen respeto por la vida, no tienen ley, hacen daño a inocentes sin que les remuerda la conciencia, quieren morir inútilmente, sus creencias resultan despreciables. El islamismo radical es tratado así por los líderes políticos, pero no sólo por ellos. Los intelectuales de derecha y de izquierda repiten las mismas opiniones y la única diferencia es que los de la izquierda las dicen con pesadumbre mientras los de la derecha lo hacen con rabia.

¿Qué otra actitud se puede asumir que no sea de pesadumbre o de rabia? El mensaje parece ser que no existe otra, a no ser que usted sea ciego o un incurable sentimental. Los bárbaros se acercan peligrosamente a nuestras fronteras. Estas palabras evocan un famoso poema, "Esperando a los bárbaros", del gran poeta Constantino Cavafis. Imagina el día en que los romanos esperaban, aterrados, la llegada de las hordas de bárbaros del norte. El imperio estaba, para entonces, devastado y sólo faltaba el golpe final y fatal. Podemos sentir nuestro propio terror:

> *¿A qué esperamos, congregados en la plaza?*
> *Es que hoy llegan los bárbaros.*
> *¿Por qué hay tan poca actividad en el Senado?*
> *¿Por qué los senadores –sentados– no legislan?*

Porque hoy llegan los bárbaros.
¿Qué leyes dictarían ya los senadores?
Cuando lleguen, las dictarán los bárbaros.

Estas líneas las deberíamos haber leído al día siguiente del 11 de septiembre, cuando toda una sociedad se sintió paralizada ante la llegada de gentes extrañas a nuestra noción de civilización. Fue un momento en el que la esperanza sufrió uno de sus más duros golpes, aunque en números redondos fueron mucho más terribles la batalla de Gettysburg o la batalla del Somme, los exterminios de Camboya o el alzamiento de los machetes en Ruanda.

Puedo imaginarme a mí mismo, de pie, al lado de Cavafis y de los romanos, cuando describe cómo el emperador se levantó temprano para poder sentarse en su trono cuando los bárbaros derrumbaran las defensas de la ciudad. Las riquezas de Roma están allí reunidas e igualmente inermes:

¿Por qué empuñan bastones tan preciosos
labrados maravillosamente en oro y plata?

Porque hoy llegan los bárbaros
y esas cosas deslumbran a los bárbaros.

Cavafis le pone dramatismo a la escena porque no hay lanzas, no hay heridas, no hay gritos. Sólo hay espera silenciosa y miedo.

Entonces algo extraño ocurre. No se produce la masacre que la muchedumbre estaba esperando y, confundida e impaciente, comienza a dispersarse.

> *Porque ya ha anochecido y no llegan los bárbaros.*
> *Y desde las fronteras han venido algunos*
> *diciéndonos que no existen más bárbaros.*

¿Pudo ser esto verdad? ¿Es verdad para nosotros, a pesar de que el miedo de "ellos" nos paraliza? Cavafis estaba pensando en su propio tiempo, durante la era de Hitler y Mussolini, cuando escribió las líneas finales del poema:

> *Y ahora, ya sin bárbaros, ¿qué será de nosotros?*
> *Esos hombres eran una cierta solución.*

Durante mucho tiempo hemos adoptado la misma solución. No importa si los bárbaros son los godos o los islamistas. En una visión cerrada de "nosotros" contra "ellos", murió la esperanza de la paz.

Lo que Cavafis tan brillantemente intuyó es que si se elimina la solución, el problema desaparece. Ambos lados tienen que estar tirando de una punta de la cuerda para que estalle la guerra. Si soltamos nuestra punta, la guerra se acaba. ¿Quién se asoma por el horizonte que no sean bárbaros? Seguimos estando metidos en la "jerarquía enredada": enemigos que también son amigos y aliados potenciales; emociones coléricas que se mezclan en todo tipo de emoción. En otras palabras, el desorden habitual. Ciertamente, existe la oposición violenta, pero también existen estratos de conexión. Una vez, en un aeropuerto y en un momento de gran preocupación, me dirigí a alguien que vagamente conocía para decirle, "¿Qué cree que quieren estos fundamentalistas radicales? ¿Qué pretenden?" El desconocido me dijo, "Supongo que quieren, como nosotros, llevar una vida normal con sus hijos". Sus palabras me cayeron como un balde de agua fría porque mi miedo, en aquel momento, me había hecho olvidar un hecho fundamental e innegable: es común a todos los lugares del mundo aspirar a vivir una vida normal.

Los terroristas tienen el poder de impedir la vida normal y ponerla en peligro. Leí un informe de un periodista estadounidense enviado a Irak que decidió aventurarse por fuera de la "Zona Verde", el área segura de Bagdad controlada militarmente por Estados Unidos. Se acercó a una mezquita para hablar con los hombres que salían de la oración. La experiencia fue impresionante, porque encontró que los iraquíes comunes y corrientes eran moderados en sus puntos de vista. Manifestaron que les preocupaba la ocupación, que querían tener nuevamente electricidad y agua. También expresaron alivio por no estar viviendo bajo una dictadura militar pero también se sentían molestos porque las fuerzas estadounidenses de ocupación hubieran permitido a los insurgentes invadir las calles. De pronto algunos fanáticos se unieron al grupo que rodeaba al reportero. Blandían rifles automáticos y empezaron a gritar insultos. Inmediatamente, los otros se callaron. La atmósfera cambió, haciéndose tan violenta que el reportero comprendió que su vida podía estar en peligro. Los mismos hombres que un momento antes parecían la voz de la moderación también se parcializaron y agregaron más insultos.

En efecto, esta historia es una lección acerca de la identidad. La "jerarquía enredada" no está por fuera de nosotros. Nos identificamos con toda una red de creencias e influencias. Cuando hay presión de un lado, nos identificamos con ese lado; cuando hay presión de otro lado, nuestra identidad cambia. El grupo que estaba en la puerta de la mezquita no se dejó llevar por la maldad; se dejó llevar por el miedo y la cólera, siguió el curso de la menor resistencia pensando en forma "típica". La "jerarquía enredada" les presentaba un paquete completo: el islam, sus creencias fundamentales, las costumbres de las familias y de una sociedad que ha repetido sus historias durante siglos, la voluntad de Alá, las leyes y preceptos del Corán. En menos de un segundo y sin tener que pensarlo, se podían identificar con todo aquello. Las escogencias y creencias ya estaban hechas. Usted y yo hacemos lo mismo cuando no pensamos por nosotros mismos. Todos podemos perder el delicado hilo del "yo soy" que es la única verdad acerca de la identidad, el único dato de nuestra persona que nos pertenece a cada uno.

Ampliando este argumento, la mentalidad "nosotros" contra "ellos" es siempre expresión del problema radical que es el dualismo. Dualismo es creer que no existen valores definitivos o absolutos, sino el juego de contrarios. En un mundo dualista, los seres humanos estamos separados de la fuente de creación. Estamos en las garras del dualismo siempre que nos sentimos solos, aislados y temerosos del mundo exterior. Las personas espirituales son tan propensas a esta forma de ansiedad como las personas no espirituales, pero son propensas por una razón diferente: se dedican a luchar todo el tiempo contra el dualismo. Los gérmenes siempre están alrededor del médico que más lucha contra ellos. La famosa frase de Nietzsche, "si uno mira a un monstruo durante mucho tiempo, se convierte en el monstruo", es una forma provocativa de decir que si uno permanece largo tiempo en el dualismo, éste se lo devora.

La solución, como yo la entiendo, es encontrar un camino práctico para escapar de las divisiones que el dualismo impone: el bien contra el mal; la oscuridad contra la luz; el cuerpo contra el alma; "nosotros" contra "ellos". Y aunque uno trate con todas sus fuerzas de estar del lado de los ángeles, el hecho inevitable es que el bien define el mal y viceversa. El día que nació, el bien descubrió que tiene un mellizo en el cosmos y que ambos son inmortales. El camino de la paz conduce más allá de cualquier dualismo. No existe otro camino para quien quiera acabar con la guerra y la violencia. Como Cavafis lo vio tan lúcidamente, mientras haya un "nosotros" siempre habrá un "ellos".

Más allá de un nacionalismo nocivo

¿Vivimos en un país que defiende la paz? Millones de norteamericanos creen fervientemente que así es y ningún hecho va a cambiar su manera de pensar. Dan la espalda al daño que Estados Unidos hace, prácticamente sin pensar, en todo el mundo. Las compañías estadounidenses que no toleran ser reguladas en su país se trasladan a los países de ultramar donde amontonan asbesto en lugares donde juegan los niños asiáticos, venden sin fórmula médica poderosos productos farmacéuticos en Tailandia, producen un escape de gas letal en Bhopal, India, y suelen ocasionar daños ecológicos de muchas maneras. Ser ciudadano estadounidense significa todas estas cosas porque es tan norteamericano ser el mayor proveedor de armas en el mundo como enviar el propio ejército a la guerra para caer víctima de esas mismas armas; promover el mercado libre a cualquier costo, mientras las culturas locales, una tras otra, son saqueadas y corrompidas por los dólares.

Henry James calificó el ser estadounidense como un

destino complejo, y lo sigue siendo. Alguna vez oí decir que somos el único país que todos odian y en el que todos quieren vivir. El año pasado vi un documental acerca del sistema de libre mercado, que prácticamente se ha convertido en la nueva religión tanto en la economía como en la política conservadora norteamericana. Un economista tras otro alababa los esfuerzos estadounidenses para abrir la puerta a todos los países extranjeros al estilo de vida norteamericano y al mercado libre se le atribuyó el fin del comunismo, la liberación de Chile de la dictadura del general Augusto Pinochet y la liberación del mundo de monopolios asfixiantes y privilegios de clase.

En medio de este cuadro color rosa, la cámara enfocó a un vendedor callejero de Tailandia que vendía sándwiches en un carrito y lo siguió mientras salía de Bangkok y se dirigía hacia el norte, hacia las zonas prósperas preferidas por los turistas occidentales. Llegó a un lugar desapacible y fantasmal. Era un hotel y campo de golf derruido que había sido construido con todo lujo. Caminando por las habitaciones a medio construir que ahora estaban destartaladas y mohosas, el vendedor de sándwiches contó que había sido el dueño de este complejo hotelero y que, como empresario de la construcción, había reunido millones de dólares para construir su sueño.

El dinero provenía de un *boom* en las divisas tailandesas a comienzos de la década de 1990, un *boom* creado por inversionistas estadounidenses cuando, sentados en sus computadores en Nueva York, dispararon la economía. Nadie había estado en Tailandia ni conocía a alguien que viviera en ese país. De pronto, se asustaron ante el mercado de divisas asiático y, prácticamente de un día para otro, se produjo el desplome del dólar y aquel hombre que el lunes estaba construyendo un fantástico complejo hotelero, el martes estaba vendiendo sándwiches en la calle. Súbitamente se me reveló la doble cara de Estados Unidos como el mejor amigo y el peor enemigo.

En el pasado, no era necesario enfrentar este tipo de hechos desagradables. Era posible protegerse contra ellos, como muchas personas actualmente lo hacen. Uno de los caminos hacia el futuro es convertir nuestro país en una fortaleza aislada de lo que ocurre más allá de sus fronteras. En ese futuro cercano no prestaremos atención a las desigualdades entre ricos y pobres que tanto daño han hecho. Estados Unidos tiene cerca del cinco por ciento de la población mundial pero consume una tercera parte de sus recursos naturales. Emite la mitad de los gases, como el dióxido de carbono, que ocasionan el efecto invernadero y que están relacionados con el calentamiento del globo. Pero en la fortaleza en que vivimos, mientras podamos vivir cómodamente y disfrutar nuestras riquezas, nada de esto importa.

El otro camino hacia el futuro conduce a la globalización. Estados Unidos se dedicará a todo aquello que hasta ahora había sido ignorado. Se convertirá en líder para reversar el calentamiento del globo, proteger otras economías, cerrar la brecha entre países ricos y pobres y acabar con la devastadora pandemia del sida. (Una mínima parte del presupuesto de defensa de Estados Unidos bastaría por sí sola para dar tratamiento a todas las personas infectadas con VIH de África y los mismos africanos contagiados podrían recibir tratamiento durante un mes con lo que cuesta un solo bombardero Stealth.) Pero para que esto ocurra, nuestro nacionalismo tendrá que dejar de ser nocivo y comenzar a ser sanador.

Esta segunda alternativa es la que prefiere el camino de la paz. Si el futuro de Estados Unidos es convertirse en fortaleza, la paz no tiene posibilidades reales. Es la única vez que la "jerarquía enredada" conduce hacia una clara decisión pues mantenerse en la dirección de un nacionalismo nocivo es la fórmula del desastre. Comprendo que para el resto del mundo la globalización va a ser vista como una excusa para el dominio estadounidense. Ahora bien, Estados Unidos tiene que abrirse y convertirse en parte del planeta de una manera positiva. Esto se hizo tan evidente durante la última década que yo creo que mucha gente está viendo claramente que si Estados Unidos no participa en la globalización, se hundirá con la nave del planeta.

Mis amigos activistas, que critican el imperialismo norteamericano y la política de *apartheid* económico, cada vez están más molestos y se preguntan, ¿Por qué seguimos tomando decisiones trágicamente equivocadas? ¿Por qué seguimos de espaldas a la realidad cuando los problemas que tenemos por delante son tan obvios y tan urgentes? Algunas veces, son preguntas retóricas, pero si nos las hacemos seriamente, la respuesta está en el poder mismo del nacionalismo.

Ser ciudadano de Estados Unidos es una identidad. Cuando uno dice "Soy estadounidense" no solo está leyendo una etiqueta. Esta afirmando su propia historia. Está afirmando ciertos valores y, dada la tradición de democracia y libertad, es fácil para los políticos interpretar cualquier crítica hacia Estados Unidos como un ataque a nuestra identidad. Según esta lógica, resulta antinorteamericano querer algo que, aunque sea bueno para el mundo, implique cambiar nuestro estilo de vida.

Cuando la palabra *antinorteamericano* se hizo habitual debido al temor al comunismo en los primeros años de la década de 1950, pocas personas preguntaron si el término tenía algún sentido. Consideremos dos cosas que son contrarias entre sí: estar a favor de la guerra y estar a favor de la paz. ¿Qué es lo norteamericano y qué es lo antinorteamericano? Las dos no pueden existir a un mismo tiempo, pero según cambie el criterio, uno u otro se considera antinorteamericano y hay que pensar de la manera como se debe pensar.

La pregunta de fondo no es acerca de ser norteamericano o antinorteamericano, sino si el nacionalismo fuera lo que sostiene las guerras. El *ethos* o características culturales de un patriotismo inflado que actualmente se respira en la vida diaria ha presionado en tal forma a la gente que olvidamos la escasa importancia que se le daba al nacionalismo. Albert Einstein se quejaba, "El nacionalismo es una enfermedad infantil. Es el sarampión de la humanidad". Y el famoso psicólogo Erich Fromm decía crudamente, "El nacionalismo es nuestra forma de incesto. Es nuestra idolatría y el patriotismo es su culto". Pero muchos observadores durante la era del nacionalsocialismo en Alemania, vivieron dolorosos episodios de violencia en nombre de la patria. Muchos comentaristas aprovecharon para calificar el nacionalismo como enfermedad.

A pesar de que encuentro escasas condenaciones del nacionalismo en las noticias actuales, hay una corriente oculta y detectable de duda. Este libro depende de la posibilidad de que muchas personas se conviertan en objetores, es decir, en personas capaces de cuestionar la idea de que un buen país es el que recurre a la violencia armada y a la intimidación. Considero necesario precisar que el camino de la paz no es antinorteamericano. Como pueblo, los estadounidenses consideran que son buenos y amorosos, como de hecho lo somos. Pero la falta de conciencia ha hecho que gentes buenas y amorosas crean en medias verdades y falacias, como las siguientes:

Estados Unidos es el país más libre del mundo. Esta declaración, fundamento del ser norteamericano, es un clamor emocional, no una realidad. Los ciudadanos de todos los países de Europa occidental son tan libres como los estadounidenses desde el final de la Segunda Guerra Mundial.

Estados Unidos defiende la igualdad. Como principio lo hace, pero cerca del uno por ciento de los estadounidenses de los estratos de altos ingresos controlan el noventa por ciento de la riqueza. El sector de la economía de más rápido crecimiento está en los oficios mal remunerados, como porteros, mujeres que hacen el aseo y empleados de restaurantes.

Estados Unidos es un faro de democracia para el resto del mundo. Otra afirmación emocional e idealista. La participación de votantes en la democracia estadounidense es una de las más bajas entre los países desarrollados o en desarrollo. Muchos comentaristas han hecho notar que la enorme influencia de los cabilderos y los intereses particulares es superior a la de los ciudadanos que quieran convertir sus deseos en leyes. El Senado de Estados Unidos es, en su gran mayoría, un cuerpo de varones blancos y ricos, muchos de ellos abogados. Si la democracia depende de una representación justa en el gobierno, los intereses de los negros, los hispanos y las mujeres están muy escasamente representados en el Congreso.

Estados Unidos es el crisol del mundo. Personalmente pude aprovechar la apertura de Estados Unidos hacia los inmigrantes, y no hay duda, a pesar de la sospecha actual hacia los inmigrantes y las nuevas reglas que les han apretado las clavijas, de que Estados Unidos es el país de las oportunidades. Sin embargo, para muchos inmigrantes esto sólo significa oportunidad económica. El valor de la ciudadanía estadounidense se mide principalmente en términos de dinero y bienestar. Ahora bien, muchos historiadores también han hecho notar que Estados Unidos tiene una tradición de facciones étnicas en guerra (recuérdese las luchas callejeras entre irlandeses e italianos en Boston y Nueva York tan frecuentes durante la Guerra Civil y que continúan, como una animosidad latente, hasta nuestros días).

Algunas minorías se segregan a sí mismas para no fundirse en una misma identidad nacional, como lo prueba la opción por la educación bilingüe (p.e., español) y el aumento de escuelas privadas para musulmanes que acatan el Corán como autoridad. Otras minorías, especialmente los negros, se encuentran atrapadas entre la segregación voluntaria de sus propias comunidades y el hecho de sentirse obligadas por el racismo a vivir apartadas. Conviene tener en mente la "jerarquía enredada" porque una minoría oprimida puede ser racista contra otra. Recordemos, por ejemplo, la hostilidad que los habitantes de los *ghettos* negros muestran hacia los dueños de almacenes judíos y coreanos: durante cualquier disturbio racial, sus negocios son los primeros en ser atacados y saqueados.

Estados Unidos es el guardián de la paz del mundo. Esta pieza de retórica nacionalista resulta inexpugnable para la mayoría de los norteamericanos. El resto del mundo no está tan seguro. La simpatía hacia este país alcanzó su punto máximo después del 11 de septiembre, cuando el sesenta y siete por ciento de los encuestados en otros países dijeron que estaban de parte de Estados Unidos. Los antiguos aliados de la Segunda Guerra Mundial hablaron de su perdurable gratitud por haberlos rescatado del fascismo. Pero las actuales encuestas en el exterior indican que sólo el veintisiete por ciento de sus ciudadanos, debido a la invasión de Irak, se muestran partidarios de nuestro país y este porcentaje es muy inferior en los países árabes. Más impactante para nuestra autoimagen fue la respuesta a esta otra pregunta: ¿Qué país considera usted que representa el mayor peligro en el mundo? Mientras el siete por ciento de los encuestados escogieron Corea del Norte, uno de los tres países señalados por el presidente Bush como el "eje del mal", el ochenta y cinco por ciento escogió Estados Unidos.

Estos datos desestabilizadores acerca de Estados Unidos pueden despertar una reacción visceral en algunas personas. El camino de la paz nos invita a reflexionar acerca de la forma como automáticamente nos identificamos con la nación, fusionando como una sola cosa "Estados Unidos" y "yo". Krishnamurti sentó una posición válida al decir que el nacionalismo es tribalismo sofisticado. Uno de los hechos más sorprendentes en Irak fue la unidad que demostraron sunnitas y chiítas. Es posible que cuando usted lea este libro, en Irak se haya desatado una guerra civil religiosa entre sunnitas y chiítas, pero en este momento están unidos según el antiguo adagio: "el enemigo de mi enemigo es mi amigo". Los dos grupos odian de tal manera a Estados Unidos que son capaces de olvidar cuánto se odian entre sí.

Lo que unió a estos dos adversarios fue el nacionalismo. Un virulento nacionalismo iraquí fomentado durante décadas por el régimen de Saddam Hussei, fue el incentivo para los ataques a Irán en la década de 1980 y a Kuwait en la de 1990. Aunque a nuestros patriotas les moleste que se compare el nacionalismo norteamericano y el nacionalismo iraquí, los mismos ingredientes están presentes en la "jerarquía enredada":

orgullo
tradición
actitud de superioridad
patriotismo
seguridad nacional
armamentismo
defensa
fronteras militarizadas
enemigos reales e imaginarios

No estoy equiparando los dos países, pues la mezcla de estos ingredientes propia de un país es diferente de la de otro país. Pero muchos de nosotros consideramos humillante para la autoimagen de Estados Unidos que los aspectos más inquietantes del nacionalismo, como entregar armas a los civiles, crear milicias prácticamente ilegales e incluir el veneno religioso para animar el debate nacional, se den tanto en la sociedad norteamericana como en la sociedad iraquí. La gente quisiera creer que hay una gran diferencia

entre un nacionalismo aceptable (el nuestro) y un nacionalismo inaceptable (el de ellos), pero el nacionalismo mismo
es el verdadero problema.

Mantener al pueblo en estado de resentimiento defen-
sivo contra Occidente y, especialmente, contra Estados Unidos, fue una constante bajo el régimen de Saddam Hussein.
Comprendió que la mayoría chiíta duplicaba en número a
los sunnitas que gobernaban y era moderno en cuanto que
fue más allá de la religión. Era también suficientemente as-
tuto como para explotar estos sentimientos. Cuando inva-
dió Kuwait, en 1990, tropeles de mujeres iraquíes cubiertas
con sus velos negros irrumpieron en las calles aclamando a
un buen musulmán que iba a dar una lección a las mujeres
kuwaitíes occidentalizadas y decadentes. Que la guerra tuviera otras muchas causas, como el superávit de petróleo y
la inmensa deuda de Irak con los bancos de Kuwait, estaba
bien oculto.

Los cargos contra la administración Bush de ser igualmente cínica en la utilización del conflicto iraquí y de que lo
que está en juego es el petróleo son frecuentes. La historia
hará su propio juicio. Usted y yo tenemos que tener presente que el nacionalismo es un camino equivocado para interpretar la realidad y que para el camino de la paz es crucial
demoler sus espejismos.

Acabar con un espejismo
Los efectos nocivos del nacionalismo

El espejismo es que el nacionalismo contribuye a que un pueblo sea libre.

La realidad es que el nacionalismo es, actualmente, lo mismo que militarismo.

El espejismo es que las demás naciones son inferiores, están mal dirigidas y sus prácticas son equivocadas.

La realidad es que cada nación tiene que luchar con sus conflictos internos.

El espejismo es que Dios favorece a un país y guía su destino.

La realidad es que Dios nunca ha expresado su opinión acerca de un país y nunca lo hará.

El espejismo es que las fronteras nacionales nos dan seguridad.

La realidad es que vivimos en un mundo abierto en el que las fronteras cada vez tienen menos importancia.

El espejismo es que el país define quiénes somos.

La realidad es que descubrir quiénes somos es un proceso de búsqueda personal y de conocimiento de sí mismo o de sí misma.

Cada una de estas afirmaciones muestra una forma de enfrentar la realidad. Cada espejismo fue alguna vez verdad o, al menos, era verdad en su lado. Pero la concientización está siempre en movimiento. Las ideas liberadoras se vuelven impedimentos si no las modificamos. La primera pareja, por ejemplo, tiene que ver con la libertad. Después de la Revolución de Independencia de Estados Unidos y de la Revolución Francesa, el nacionalismo era el grito preferido de libertad en una época en la que las alternativas eran mucho peores: era peor caer en poder del colonialismo, como India, China y toda África habían caído; era peor ser una provincia de un imperio, como eran Italia, Grecia y casi todo el Oriente Medio; era peor ser una minoría étnica, como eran las repúblicas de la antigua Unión Soviética. Al rebelarse contra estas condiciones, los pueblos querían libertad política y la oportunidad para conseguirlo era convertirse en una nación.

Pero la situación ha cambiado y el nacionalismo es hoy una forma de opresión conocida como militarismo. Vivir en una sociedad dominada por un sistema militar es lo contrario de ser libre. La retórica de la libertad prevalece en regiones poscoloniales de África, que obtuvieron su libertad a partir de la década de 1950 con ocasión de los hechos turbulentos en Kenia y el Congo Belga. Hoy en día, sólo algunos países de África no son dictaduras militares.

Pero el espejismo más pernicioso es creer que el país define quiénes somos. Se nos dice que Estados Unidos es, actualmente, una nación dividida, pero que si todos recordáramos que somos norteamericanos, la brecha se cerraría. Los estados "rojos" y "azules" representan diferencias culturales: a un lado los predominantemente rurales, conservadores y fundamentalistas en cuanto a las creencias religiosas; al otro lado los predominantemente urbanos, moderados y liberales en cuanto a las creencias religiosas. Esta división no es real, en el sentido de que una línea divida valores y preocupaciones. Casi todas las personas se sienten confundidas a propósito de los temas candentes pero asumen una posición porque en tiempos confusos la ambigüedad no se tolera. Cambiar la forma de pensar es condenado como muestra de debilidad, a pesar de que podría caracterizarse como signo suficiente de inteligencia para comprender que cualquier asunto tiene más de una cara. El proceso político no permite depositar tres cuartas partes de voto cuando solamente estamos de acuerdo con un setenta y cinco por ciento de la posición de un candidato, de manera que la presión para estar en pro o en contra es grande.

"Liberal" y "conservador" son, actualmente, términos confusos. Una persona que vota en contra de su voluntad a favor de la guerra de Irak es inmediatamente alineada en el mismo campo con los enemigos declarados. Asumir una posición en cualquier tema candente, como el aborto o la oración en las escuelas no debería ser una prueba de carácter. Con frecuencia proyectamos en los demás valores que no son los que realmente defienden.

Es posible hacerse una imagen completa de otra persona sin necesidad de información real, como lo demostró un interesante experimento realizado en Harvard en la década de 1960. Los participantes fueron invitados a pasar, cada uno, a una habitación y a sentarse frente a un panel que tenía dos botones. Les dijeron que el experimento consistía en un estudio sobre la forma de jugar y que del otro lado de la pared estaba otro participante que también tenía dos botones. A cada uno le explicaron lo siguiente: si él oprime el botón #2 y usted oprime el botón #1, él recibe dos dólares y usted no recibe nada; si usted oprime el botón #2 y él oprime el botón #1, usted recibe dos dólares y él no recibe nada; si los dos oprimen el botón #2, ninguno recibe nada; pero si ambos oprimen el botón #1, cada uno recibe un dólar.

Los participantes entendieron rápidamente de qué se trataba. Si se mostraban codiciosos y oprimían repetidamente el botón #2, el otro jugador se desquitaría haciendo lo mismo y el resultado sería que ninguno de los dos recibiría dinero, pero si aceptaban oprimir el botón #1 sin hacer trampa para ganarse uno que otro dólar, lograrían obtener más dinero sin hacerle daño a la otra persona.

Casi todos se dieron cuenta de esto después de oprimir varias veces el botón #2 y descubrir que el otro participante hacía lo mismo. La codicia dio paso, entonces, a la cooperación y la mayoría comenzó a oprimir el botón #1. Al final de la sesión se les pidió que dieran una descripción del

tipo de persona que era el otro jugador, basándose únicamente en su forma de jugar.

Las descripciones fueron duras: es un tipo egoísta y
estúpido; sólo quería ganar; es un bastardo. Las mismas palabras parecían repetirse: irracional, terco, tramposo, maño-
so, ambicioso. A pesar de que le habían enviado una señal
presionando el botón #1, los jugadores que estaban al otro
lado de la pared oprimían el botón #2. No sabían que no
había jugador al otro lado de la pared sino una máquina que
presionaba al azar el botón #1 y el botón #2.

Lo que el participante creía saber acerca de su contrin-
cante era únicamente una proyección. De hecho se trataba
de un experimento acerca de la proyección, no de la forma
de jugar o de cooperar. Estamos tan acostumbrados a emitir
juicios acerca de los demás que los políticos cuentan con
ello. Mantener a los individuos de otras naciones ocultos
detrás de un biombo facilita etiquetarlos con cualquier emoción que se quiera proyectar en ellos. Leí que en la Convención Nacional Republicana del año 2004 los delegados se
reían a carcajadas cuando el orador empleaba las palabras
Francia o francés. El motivo era un reflejo rotuliano de burla
por cuanto los franceses han sido caracterizados por la prensa como rezagados, poco cooperativos, hostiles a la guerra
aunque sea justificada, antinorteamericanos, egocéntricos y,
aparentemente, en contra de la misma libertad (si se juzga
por la decisión de la cafetería del Congreso de llamar "papas

fritas de la libertad" a las tradicionalmente llamadas "papas fritas a la francesa").

En realidad los franceses terminaron teniendo la razón. Eran escépticos en cuanto a la existencia de armas de destrucción masiva en Irak. Pronosticaron que el Oriente Medio se alborotaría si se atacaba a Saddam Hussein, con la posibilidad real de que el terrorismo fuera estimulado en lugar de suprimido. No creían que Saddam Hussein representara una amenaza inmediata para otros países y, en general, consideraban que la guerra debería ser un recurso último. Pero los acontecimientos no le hicieron bien a los franceses. Una vez que quedaron al otro lado del biombo y se convirtieron en "el otro", quedaron disponibles para cualquier proyección por parte de grupos fanáticos partidarios de la guerra.

Casi todos nosotros hemos vivido una época en la que la proyección casi divide a Estados Unidos. La guerra de Vietnam creó una enorme ruptura en la antigua concepción que se tenía de este país. Dado que la guerra es, sin duda, la peor forma de producir el cambio, quisiera recordar la protesta de Vietnam como un ejemplo del mismo levantamiento que actualmente estamos viviendo. La década de 1960 no se repetirá, pero sus enredos y su confusión sí se repiten.

Yo llegué a Estados Unidos en 1970 como médico interno en Plainfield, New Jersey. En mi primera noche en el servicio de urgencias tuve que atender la primera víctima de arma de fuego en mi vida. Tuve que atender muchísimas más a medida que la violencia se introducía en el diario vivir de los norteamericanos. Pero Vietnam formaba parte de la visión que yo tenía de la realidad. El año siguiente, 1971, se dieron las mayores protestas masivas a favor de la paz en la historia de Estados Unidos. La "Marcha sobre Washington" de ese año estuvo particularmente marcada por el rencor debido a la invasión a Cambodia de Nixon y los asesinatos de Kent State el año anterior. Aprendí cómo se entremezclan la paz y la violencia porque estas protestas eran escenarios de rabia y resistencia en ambos lados. Washington estaba armada hasta los dientes, que, desde 1967, era su reacción habitual a las protestas, con francotiradores apostados en las terrazas de los edificios del gobierno y presencia de policía respaldada por la Guardia Nacional en caso de que las cosas se salieran de las manos. El 2 de mayo de 1971, en el más grande arresto masivo en la historia del país, en un solo día la policía arrestó siete mil manifestantes, principalmente con el pretexto de posesión de drogas.

Setenta y cinco clérigos fueron enviados para calmar a la multitud, pero las autoridades eran las que estaban al mando. La policía de la ciudad había aprendido cómo hacer rápidos arrestos masivos. En lugar del proceso tradicional, que implicaba que el oficial que hacía el arresto debía escribir un informe detallado, se prepararon formatos para llenar y, en lugar de esposas metálicas, se repartieron miles de cuerdas de plástico. Comoquiera que el policía debe presentar el caso en la corte, algo obviamente imposible cuando hay que arrestar a tantos individuos a la vez, se instalaron cámaras Polaroid al lado de cada vehículo policial para fotografiar al policía al lado del acusado. Esta fotografía serviría como prueba en caso de que el juez quisiera saber lo que un determinado individuo había hecho.

Toda esta eficiencia no funcionó en la práctica. La policía detuvo demasiados manifestantes para preocuparse por las formalidades y, como en las cárceles de la ciudad no cabían todos los individuos arrestados, fueron conducidos a unos galpones. Los manifestantes no lograron su propósito de paralizar Washington durante un día como símbolo de fervor en contra de la guerra. No obstante, esta victoria del establecimiento no logró borrar la amarga verdad de que la paz se había convertido en una miniguerra civil.

El movimiento en favor de la paz de Vietnam es un perfecto ejemplo del porqué resulta tan confusa la situación actual. Los valores estaban en cambio; las personas se proyectaban violentamente entre sí. La "jerarquía enredada" estaba dominada por nuevos conceptos que la antigua visión de Estados Unidos no podía asimilar:

hippie
manifestante
amor y paz
brecha generacional
contra el establecimiento

complejo militar industrial
halcones
palomas
efecto dominó
extremismo en la defensa de la libertad

En 1971, apenas habían transcurrido cuatro años después del "verano de amor y paz", pero las protestas habían experimentado una evolución significativa más allá del lema "amor y paz". He leído que durante la "Marcha sobre el Pentágono", en octubre de 1967, las *hippies* bailaban frente a los soldados armados con bayonetas diciendo: "¿Quieres tomar mi amor? ¿Tienes miedo del amor?" La injusticia racial entró a formar parte de la protesta, la no-violencia fue mancillada por las tácticas terroristas del *Weather Underground* que puso bombas en laboratorios de universidades vinculadas al Departamento de Defensa y quienes se oponían a la guerra fueron calificados como traidores.

Los motivos nunca se manifiestan en estado puro en la "jerarquía enredada". Los opositores se contaminan entre sí. Las buenas intenciones resultan borrosas y comprometidas. El movimiento en favor de la paz, desde esa época, estaba seguro de su posición moral, sin embargo, en forma retrospectiva los norteamericanos le echaron la culpa a los manifestantes por haber perdido la guerra, deshonrando al país, llevando las divisiones y el conflicto a las calles y produciendo agitación general. Fue una época de despertar de la conciencia, pero también una época en la que la tasa de criminalidad se triplicó y el consumo de drogas aumentó mil veces más.

Ninguna sociedad sale intacta de una guerra. Esto era verdad tanto en el caso de Vietnam como de la Segunda Guerra Mundial y la Primera Guerra Mundial, y no podemos evitar que vuelva a ocurrir lo mismo. El actual conflicto en la república rusa de Chechenia es un ejemplo de cómo un patriotismo sesgado se convierte en una forma de autodestrucción. Mientras escribo este párrafo, terroristas que luchan por una Chechenia libre ocuparon una escuela en la ciudad de Beslán en el sur de Rusia. Irrumpieron con bombas y armas de fuego en uno de los días más alegres del año, el primer día de clases, que es un día festivo en Rusia. En un catastrófico intento de rescate, los militares rusos, junto con los explosivos de los terroristas, ocasionaron la muerte de cientos de rehenes, entre ellos más de 175 niños.

Esta noticia usted ya la conoce, y le habrá dolido en lo más profundo saber que el terrorismo cruzó una barrera más, arrastrando a muchos niños inocentes. Hoy leí que había habido una reunión contra el terrorismo en Moscú, en el corazón de la Plaza Roja. El alcalde de la ciudad gritaba en el micrófono, "¡Moscovitas! ¡No somos débiles. Somos más fuertes que ellos! ¡Más fuertes! Los fascistas no pueden derrotar a Rusia y el terror tampoco puede derrotar a Rusia. Estamos juntos. ¡Vamos a ganar!"

Para el mundo exterior es difícil comprender el porqué Rusia está interesada en emprender una sangrienta lucha para conservar una remota república del Cáucaso después de haber querido disolver la antigua Unión Soviética. El presidente Vladimir Putin se ha agarrado del sombrío espectro del fundamentalismo islámico, mezclando su lucha contra una Chechenia libre con la guerra global contra Osama bin Laden y sus seguidores. Pero resulta ahora que el líder rebelde chechenio Shamil Basayev, un guerrero de barba y con la cabeza rapada que había peleado del lado de los rusos, se presenta como un terrorista carismático al estilo de bin Laden y reconoce a Al Qaeda como su aliado.

Si usted y yo sentimos aflicción y repulsión ante el ataque de Beslán, podemos mirar en otra dirección mientras Rusia intenta defenderse y Putin solicita mayores poderes en una medida sin precedentes. Pero lo que tenemos que hacer, en cambio, es mirar de frente la "jerarquía enredada", porque éste no es un caso en blanco y negro. Para impedir que Chechenia declarara su independencia, los rusos invadieron la región en 1994. Grozny, la capital, fue reducida a escombros y el paisaje actual recuerda el Berlín de después de la Segunda Guerra Mundial. Ochenta mil chechenios, casi todos civiles, fueron asesinados y muchos más perdieron sus viviendas.

La "jerarquía enredada" no deja ningún cabo suelto. Se trata de un nacionalismo nocivo en ambos lados, dado que los dos cometen atrocidades. Nuestros complejos lazos con el islam y las románticas ideas de la jihad, tienen como contrapeso el antiguo Estado Soviético cuyo legado de represión contra la religión pesa aún. Cuando se mira directamente a este enredo, resulta menos acuciante la necesidad de tomar partido, a pesar de que, mientras los hechos ocurren, podamos sentirnos emocionalmente atraídos a ello. La única solución es desenredar la jerarquía y el primer paso es ir más allá del espejismo del nacionalismo.

¿Pero con qué lo reemplazamos?

El nacionalismo no se puede reemplazar con la confrontación directa. Poner cualquier país en una posición defensiva aumenta diez veces más el nivel de violencia. Esta constatación es la que evidencia un famoso comentario de la Madre Teresa, "La gente me pregunta por qué no me he unido a un movimiento en contra de la guerra y yo les digo que cuando me muestren un movimiento en favor de la paz me enlistaré en él". Con este espíritu, el actual movimiento en favor de la paz está empezando a encontrar una forma de amistar a todas las naciones orientando la necesidad global de poner fin a la violencia sin tener en cuenta la forma como cada cual se sienta respecto a este o aquel régimen, esta o aquella ideología, esta o aquella religión. Estos nuevos grupos de paz suelen ser pioneros en la aplicación de tecnologías que la opinión pública considera increíbles. Pero como me dijo una vez un notable sanador, cualquiera puede curar; el principal obstáculo es que uno cree que no puede.

"Fui a una fiesta", me contó una amiga, "en la que doblamos cucharas a favor de la paz mundial. Sé que cuando uno oye hablar de esto por primera vez, suena risible. Tomé un curso por internet cuya idea era que si podemos utilizar la técnica de la oración para doblar con la mente una cuchara, quizás también podamos "doblar" el mundo entero hacia la paz.

"Decían que cualquiera puede aprender a doblar una cuchara en menos de cuatro semanas. Uno hace una donación y toma el curso, que está centrado en oración, atención focalizada y ejercicios de imaginación. Uno abre partes de la conciencia que están bloqueadas. No hay que hacer fuerza mental. Dicen que para que la técnica funcione, hay que ver la cuchara ya doblada. Yo me reuní con otras personas en la casa de una de ellas. Era sorprendente ver cómo algunas podían muy fácilmente. He visto con mis propios ojos doblar cucharas y creo que pronto podré hacerlo".

La lógica, aquí, es muy clara: Si uno puede probarse a sí mismo que tiene la habilidad de atravesar el velo de la realidad ordinaria, puede hacer cosas que antes parecían imposibles o mágicas. La persona más importante del movimiento de doblar cucharas, James Twyman, recorre diversos lugares del mundo para dirigir vigilias de oración por la paz. Su experiencia es que estos "grandes experimentos" cambian inmediatamente la realidad. El 9 de febrero de 2004, la vigilia tuvo lugar en Jerusalén. Algunos participaron a través de internet y otros estaban presentes físicamente. Al día siguiente, la violencia disminuyó en un cincuenta por ciento o más en la ribera occidental del río Jordán. Este resultado hace eco a anteriores experimentos realizados por otros grupos espirituales. Desde mediados de la década de 1960, un popular movimiento budista del Japón puso un "blindaje" de oración sobre su país para protegerlo. Las vigilias de oración durante todo el día son parte de las prácticas contemplativas habituales en algunos monasterios y conventos católicos. Durante más de una década, el movimiento de Meditación Trascendental (MT) ha reunido grandes grupos de personas en ciudades como Nueva York y Washington, y han utilizado luego datos de la policía para demostrar que, durante dichos períodos, la tasa de criminalidad desciende dramáticamente. El efecto de estos experimentos puede ser duradero y no sólo un ligero cambio en las estadísticas de la violencia. La MT y otros grupos de concientización creen que han cambiado las tendencias para el futuro. Hablar de crear un cambio del cerebro global no es nuevo, pues hace ya treinta años que se habla de este cambio.

Ya sea que usted es uno de los Guerreros Espirituales de Twyman que viaja para participar en una vigilia en Jerusalén o alguien que medita en forma privada en su casa, la influencia que ejerce en la paz es real. No deberían perturbarnos los escépticos que esgrimen trucos del sombrero de mago para descartar estos interesantes fenómenos. Los escépticos no se detienen a pesar de que cientos de personas han dado testimonio de haber doblado cucharas o llaves con la mente. Asistí a una demostración en Oxford, Inglaterra, en la que más de doscientas personas, en su mayoría de la comunidad universitaria, participaron sosteniendo una llave y tratando de doblarla. Más o menos un diez o veinte por ciento lo consiguió en el primer intento.

Por otra parte, probablemente no ayuda a moderar el escepticismo si quienes doblan cucharas rodean de misterio lo que hacen. La cruda verdad es que la conciencia determina cuáles fenómenos son reales y cuáles no. Todo acto de magia es el resultado de permitir que una ley natural oculta salga a la superficie, emergiendo de la oscuridad en que había estado obligada a permanecer oculta.

El *jet* de propulsión fue una magia oculta durante miles de años, algo así como lo que es actualmente mover objetos con el pensamiento (telequinesia). Ver un avión despegar ya no es algo mágico, pero ver a una persona levitar sí lo sería. La diferencia sólo estaría en la aceptación. Las personas comunes y corrientes no pueden explicar cómo puede volar un vehículo hecho de acero que pesa cientos de toneladas, pero mientras alguien pueda explicarlo, se le permite a la tecnología del vuelo entrar en el conocimiento humano como algo real y ya no como un misterio.

Si se puede explicar cómo funciona la "tecnología de la paz mundial", también se le permitirá existir como realidad. Yo creo que la imposibilidad de la paz está únicamente en nuestra mente y que tan pronto comencemos a aceptar lo imposible, ocurrirá un viraje. Mientras tanto, tengo que agradecer relatos como el siguiente de uno de los participantes en una sesión para doblar cucharas: "Unos amigos nuestros tienen un hijo de doce años. Una noche, después de cenar, estábamos hablando del curso de doblar cucharas y, mientras hablábamos, el muchacho decidió ensayar si podía doblar una de las cucharas del juego de cubiertos de plata de su madre. ¡Pudo hacerlo! La dobló de una forma muy curiosa, no en la parte más delgada. Y la verdad es que se sintió asombrado al verse cara a cara con una realidad que su cultura pretende negar".

Nos aferramos a una realidad que define lo mágico como engaño, fantasía o superstición. Bien sea telequinesia, sanación, clarividencia o cualquier otra manifestación, este tipo de fenómenos nos permiten asomarnos tras la cortina de lo material. De ahí en adelante, las dudas espirituales que eran comprensibles comienzan a desvanecerse. Los hechos que parecían producirse por casualidad comienzan a mostrar un orden. Comprendemos que el creador que se perdió en medio de su creación es uno mismo. La verdad asoma cuando uno comienza a descubrir quién es, desechando las falsas etiquetas. El problema más serio del nacionalismo no es que se haya vuelto nocivo sino que nos ha robado por la fuerza parte de nuestra identidad y, como cualquier otra parte que hayamos entregado, tenemos que reclamarla.

El mito de la seguridad

El presentador de televisión se veía preocupado. En parte porque era un comentarista serio, y por eso le pagaban, pero también porque se veía como si acabara de entender algo que le preocupó.

"Según cálculos del Banco Mundial, la mitad de la población mundial tiene dos dólares diarios para vivir", dijo. "La mayoría de estas personas que viven con dos dólares diarios saben que somos ricos. Cerca del veinte por ciento de la población mundial vive con un dólar diario. Estas personas también saben que somos ricos. Hace cincuenta años probablemente no lo sabían, pero ahora lo saben".

El tono se hizo más grave, "Anteriormente se necesitaban grandes ejércitos para esgrimir armas de destrucción masiva. Pero ahora estas armas han sido miniaturizadas, de manera que una persona o un pequeño grupo, caminando por una calle de una ciudad, puede esgrimir un arma de destrucción masiva".

Se detuvo, pues no quería revelar lo peor. Miles de millones de personas que viven en absoluta pobreza saben que unos cientos de millones viven en la riqueza y armas terriblemente peligrosas están a disposición de unas y otras.

¿Cuál será el resultado?

Nuestra mente puede seguir una dirección y comenzar a multiplicar el potencial de destrucción. Como las bacterias cuando encuentran un huésped disponible, el miedo puede duplicarse a sí mismo. El ataque del 11 de septiembre desplegó ataques futuros e inmediatos en nuestra imaginación, no sólo uno sino muchísimos más: ¿No podían volar el puente que quisieran o envenenar los depósitos de agua? Pero nuestra mente no tiene que moverse en esa dirección. Puede encaminarse hacia la comprensión, que consiste en adaptarnos a una nueva forma de estar en el mundo si queremos alguna vez volver a sentirnos seguros. Una vez más, tropezamos con la "jerarquía enredada". Las palabras clave en esta jerarquía son particularmente intimidantes porque se nos ha dicho, una y otra vez, lo necesarias que son para nuestra existencia. Entre dichas palabras clave están:

militares
defensa
corporaciones multinacionales
utilidades
accionistas
contratos secretos
presupuestos secretos
información secreta

cabilderos
influencia
nacionalismo

Al tocar cualquiera de estos temas, encontrará que algún grupo tiene algo que busca proteger. No son los militares propiamente sino los contratistas de armas que dependen de ellos, las comunidades donde las plantas de fabricación de armas son los mayores empleadores, el público asustado que quiere sentirse seguro ante cualquier ataque, los cabilderos cuyo futuro cercano depende de la influencia que puedan desarrollar. Nadie está lejos de esta "jerarquía enredada". Un estudiante de Harvard que protesta en contra de la guerra está dentro de una universidad cuya enorme riqueza está directamente vinculada a los gastos de defensa y a donaciones del gobierno.

Aun en países en desarrollo, el equilibrio entre armas y servicios está totalmente inclinado. Los países escogen la jerarquía de la guerra cuando no les convendría hacerlo. Sudáfrica fue objeto de duras críticas cuando se descubrió que el país se estaba preparando para comprar un submarino nuclear mientras el gobierno no tenía dinero suficiente para financiar programas destinados a crear conciencia del peligro del sida. Y esto en un país que no tenía la más mínima necesidad de un submarino nuclear que costaba cientos de millones de dólares pero que sí pasaba por una de las peores crisis de sida en el mundo.

¿Hará falta recordar que este mismo país, Suráfrica, es la cuna de Nelson Mandela, un icono de la paz? Pero también India, la patria de Mahatma Gandhi, tiene uno de los ejércitos más grandes del mundo, apenas superado por Estados Unidos, Rusia, y China. Los mayores presupuestos de defensa del mundo (en comparación con el PIB) se encuentran en los países pobres. Espadas en lugar de pan es la regla y no la excepción.

El monstruo del armamentismo sigue creciendo porque cada uno de nosotros, aunque no participemos en el negocio, depende de su jerarquía. No nos condenan los actos venales de los malvados sino los resultados del comercio y la lucha por la supervivencia en un mundo regido por el capitalismo. Programas individuales como la Iniciativa de Defensa Estratégica (IDE), conocido como *Star Wars*, han costado más que el producto interno bruto de un país de África o Suramérica, a pesar de que se haya pasado de moda el propósito de la IDE: blindar el espacio contra cohetes nucleares soviéticos.

La IDE es un proyecto surrealista, teniendo en cuenta que el lanzamiento de cohetes teledirigidos no ha funcionado, excepto en pruebas muy rudimentarias con cohetes simulados cuya posición y trayectoria se conocían con anticipación. (Se rumora que el presidente Ronald Reagan se habría interesado por el programa *Star Wars* porque su tecnología imitaba una película de ciencia ficción que él había protagonizado durante su carrera como actor en la década de 1930.)

Aunque el sistema se perfeccionara tecnológicamente, resultaría completamente inútil ante la actual amenaza del terrorismo desnacionalizado. Pero aparte del surrealismo y refiriéndonos a armas actualmente en uso, un solo bombardero Stealth B-2 cuesta alrededor de $2,4 mil millones de dólares, dinero suficiente para financiar todas las orquestas sinfónicas y los museos de Estados Unidos. Hace mucho tiempo, las armas hicieron a un lado la cultura.

Como con cualquier monstruo, para vencerlo hay que descubrir su punto más vulnerable. La jerarquía de las armas depende de tres creencias fundamentales. Toda la cultura armamentista se acabaría si estas creencias dejaran de enredarnos, pero en un mundo materialista tienen mucho mayor poder sobre la gente que la moral religiosa tradicional que, cada vez con menos efecto, siempre ha estado de parte de la paz.

Mitos acerca de la seguridad
Creencias que respaldan la carrera armamentista

El dinero produce felicidad.
La tecnología produce bienestar.
La fuerza militar produce seguridad.

Aunque nos sintamos alejados del negocio de la guerra, estamos vinculados a él por medio de relaciones que comienzan aquí. Podemos sentirnos moralmente atropellados por los excesos de la industria armamentista y la posibilidad que tiene de cometer actos aun más graves de inhumanidad. (Recientemente leí acerca de la posibilidad de bombas de neutrones guiadas por la temperatura corporal que, al entrar en contacto con las personas, las vaporizaría. Esta grotesca invención, si alguna vez se desarrollara, evitaría que valiosos edificios y otras construcciones sean innecesariamente destruidos en una guerra.) No obstante, el atropello moral tiene muy poco poder para cambiar una jerarquía que apoyamos y defendemos con nuestra forma de vida. Consciente o inconscientemente, estamos adorando a estos nuevos dioses, y el dominio que ejercen sobre todos es el problema, no si a Dios le agrada o le desagrada la política de defensa de un país.

Dinero y felicidad

Nunca he creído que el dinero sea el origen de todos los males. No obstante, el camino de la paz tiene que enfrentar la codicia que actualmente domina a la humanidad. Algunos teólogos cristianos de tendencia liberal han tratado de suavizar las palabras de Cristo al condenar a los ricos diciendo que lo que realmente quería decir es que el amor al dinero es el origen de todos los males. La diferencia semántica es que, en la primera afirmación, el dinero es la causa del mal mientras que en la segunda, solamente está relacionado. (El cabildeo armamentista hace la misma distinción semántica cuando afirma que las armas no matan porque quienes matan son las personas: las armas sólo están a mano.) No tenemos una autoridad plenamente confiable que nos diga lo que Cristo realmente enseñó, pero no cabe duda de que toda tradición espiritual tiende a separar el ámbito sagrado del ámbito material.

La relación entre dinero y espiritualidad ha cambiado desde que san Francisco de Asís formó un grupo de hermanos mendicantes que fue reconocido en 1210 por el Papa como la Orden Franciscana. San Francisco tomó al pie de la letra un pasaje bíblico en el que Cristo dice a sus discípulos: "Ustedes recibieron gratis este poder; no cobren tampoco por emplearlo. No lleven oro ni plata ni cobre ni provisiones para el camino. No lleven ropa de repuesto ni sandalias ni bastón". Los monjes mendicantes eran una tradición conocida desde siglos atrás en India y en China, en nuestra sociedad actual, el dinero sigue siendo considerado como signo de indignidad delante de Dios, sin embargo los monjes errantes que vi en mi infancia han desaparecido de las calles de Nueva Delhi como signo del rampante materialismo que, imitando a Occidente, la India ha abrazado.

El problema con el dinero es que desvía la mente hacia las cosas del mundo, llena las horas de negocios y comercio, distorsiona los verdaderos valores del espíritu reemplazándolos con el placer y las riquezas. Para mí, esto no significa que el dinero sea malo o que no sea espiritual. Quiere decir que el dinero es una distracción, algunas veces tan poderosa, que la gente no puede ir más allá del dinero debido a la dificultad para unir los valores espirituales y materiales, lo cual no sólo es deseable sino absolutamente necesario.

Antes de convertirse en san Francisco, el joven Francesco Bernardo se sintió atraído por la vida militar que él consideraba como una posibilidad de grandeza. Capturado en una batalla contra el estado de Perugia, estuvo preso durante un año. Fue entonces cuando enfermó gravemente y comenzó a dudar de la carrera militar, pero al volver a su casa en Asís, la ambición lo condujo nuevamente a la vida militar. En una nueva campaña contra Nápoles, volvió a enfermar, pero esta vez el futuro santo tuvo visiones y escuchó voces que lo orientaron en una dirección diferente. Otros hechos decisivos ocurrieron. Al ver a un leproso, se desmontó de su caballo, lo abrazó y le entregó todo el dinero que llevaba en su bolsa. En Roma, donde fue en peregrinación, se sintió conmovido por los pordioseros apostados en la puerta de la basílica de San Pedro y cambió sus ropas de rico mercader con uno de los pordioseros y pasó el resto del día entre los pobres, ayunando y vestido con harapos.

Esta lucha en el alma de una persona entre una carrera militar exitosa y la pobreza no se basaba en las cosas en las que normalmente pensamos, como el placer, la seguridad, encontrar un lugar en la sociedad y fundar una familia. La lucha era entre el éxito mundano y lo que, según la enseñanza de los padres de la Iglesia, le agradaba a Dios. Al final, san Francisco decidió optar por los valores que agradaban a Dios para imitar la vida de Jesús y sus discípulos.

Los valores del siglo XIII han cambiado y probablemente hoy no estaríamos dispuestos a hacer lo mismo que hizo san Francisco. El dinero sirve para dar placer, seguridad, posición social y la posibilidad de levantar una familia. Éstos son valores buenos y no hay razón para suponer que desagradan a Dios porque él ama su creación. Dios no juega al "todo o nada", ni se trata de entregarse o no entregarse a él. El proceso de integrar la vida material, con todo lo bueno que puede ofrecer, y la vida espiritual, con todo lo bueno que puede ofrecer, es tarea de toda una vida.

Si uno vive como si el dinero fuera lo único que ofrece felicidad, algo anda mal: se desconoce el mundo del espíritu, suponiendo que es suficiente la superficie de la vida.

A pesar de que aparentemente nos hayamos alejado del tema de la guerra y la violencia, en realidad estamos en el punto crucial, porque cuando la gente se queda en la superficie de la vida se pierde el único nivel que puede poner fin a la guerra, que es el que se encuentra por debajo de la superficie.

La palabra *maya*, que suele traducirse del sánscrito como "espejismo" o "ilusión", tiene muchos y diversos significados (palabras actuales como *materia*, *madre* y *medida* provienen de esta raíz). Yo prefiero definir *maya* como "distracción" y, sin hacer juicios morales contra el dinero, debo decir que las riquezas constituyen una terrible distracción. Nos aprisionan en una falsa autoimagen, haciéndonos creer que somos criaturas cuyo propósito en la vida es la prosperidad y la seguridad, cuando nuestro verdadero propósito en este mundo es muy diferente, como lo reconocen todas las tradiciones espirituales.

Estamos aquí para evolucionar y crecer.

Estamos aquí para descubrir quiénes somos.

Estamos aquí para transformar el medio que nos rodea de acuerdo con lo que realmente somos.

Grandes maestros espirituales han enseñado que estamos en este mundo para trascender la materia, para adorar a nuestro creador, para valorar la inmensidad de la creación y, ante ella, aprender a ser humildes. Todas esas cosas pueden manifestarse cuando realmente sabemos quiénes somos. Éste es el misterio central de la vida y el dinero no es capaz de dar respuesta alguna.

La división entre materia y espíritu nos afecta a todos por igual. Aunque san Francisco escogió la pobreza porque le permitía estar más cerca de Dios, la pobreza en sí misma no es buena. Tras este acto de renunciar a sus riquezas, había una intención concreta. En un episodio muy famoso en la tradición católica, Francesco Bernardo encolerizó a su padre dándole una bolsa de oro a un sacerdote pobre para que reconstruyera una iglesia derruida.

El padre, entonces, llevó su hijo a la corte para desheredarlo pero, en lugar de impugnar la decisión paterna, Francesco renunció voluntariamente a su fortuna, se despojó de sus vestidos delante del juez y se los entregó a su padre. La intención era clara: quería alejarse lo más posible de cualquier tentación material. La misma elección y la misma intención siguen estando abiertas para cualquiera, pero existen otros caminos para lograr el mismo fin. La renuncia no se alcanza vistiendo una túnica de pelo de camello o una sábana. La desnudez delante de Dios es símbolo de un valor más profundo, que es la cercanía con Dios, una vida sin separación de nuestro propio origen. La verdadera renuncia es realmente un cambio de actitud, al trasladar la atención de la superficie de la vida a la realidad que la sustenta. Si la gente tuviera más claridad al respecto, creo que se acabaría con una gran cantidad de hipocresía. Me refiero a la hipocresía de personas ricas que nunca sacrificarían su dinero para unirse a los pobres, a pesar de lo que Cristo o Buda hayan dicho al respecto. También me refiero a la hipocresía de los que dan dinero para obras de caridad y creen que esta acción, por sí misma, les perdona sus imperfecciones espirituales.

Ricos o pobres, todos estamos atrapados en la misma codicia. Nuestra relación con el dinero refleja nuestra relación con el mundo material. El camino de la paz podría cambiar esta relación en muchos aspectos y se podrían hacer cosas como éstas:

Donar dinero a organizaciones que trabajan por la paz.
Dar dinero a los pobres.

Negarse a invertir en corporaciones que fabrican armas o están directamente involucradas en contratos militares.

Invertir en compañías que no presenten tendencias destructivas tales como deteriorar el medio ambiente.

Emplear los ahorros para pagar temporadas de retiro espiritual y otras actividades similares.

Así es como el dinero podría ser bien usado. Pero estas buenas acciones no tocan el fondo del asunto, que es la manera como las personas se relacionan con el dinero. El camino de la paz sería emplear nuestro dinero para promover la verdadera razón por la cual estamos aquí y, habiendo satisfecho las necesidades básicas, poner el dinero al servicio de la jerarquía de valores en la cual creemos. Los valores de la paz, como se vio, son amor, evolución, crecimiento personal, descubrimiento, sabiduría, armonía, conectividad y la paz misma. Si usted está utilizando su dinero a favor de tales valores, habrá escapado de las garras de un falso dios: Mammón.

Tecnología y bienestar

Fue en la década de 1950 cuando el público se dio cuenta por primera vez de que la tecnología podía ser profundamente inmoral y destructiva. El punto de quiebre se produjo una lluviosa mañana de julio de 1945, en el desierto de Nuevo México, cuando un equipo de científicos y personal militar detonó por primera vez con éxito una bomba atómica. En el momento de la explosión enceguecedora, el director del proyecto, doctor J. Robert Oppenheimer, dijo en voz baja unas palabras del *Bhagavadgita*, que se hicieron famosas: "Yo soy Siva, el destructor de los mundos".

La atmósfera dentro del refugio donde el equipo encargado del proyecto estaba reunido, revelaba que algo mundano estaba ocurriendo. Así la vivió uno de los que estaban allí reunidos:

> A medida que el tiempo avanzaba y el conteo cambiaba de minutos a segundos, la tensión aumentaba. Todos en aquella sala conocían el terrible potencial de lo que estaba a punto de ocurrir. Los científicos consideraban que sus cálculos debían de ser correctos y que había que lanzar la bomba pero en todos había una gran dosis de duda. El sentimiento de todos en esos momentos podría expresarse como, "Señor, yo creo, pero ayúdame a superar mi falta de fe". Estábamos entrando a lo desconocido y no sabíamos qué podría resultar.

Todo acontecimiento está atrapado en una "jerarquía enredada" y, en este caso, las palabras clave eran excitación, admiración, suspenso, orgullo, duda religiosa, intelecto y voluntad. La excitación de un gran logro científico se mezclaba con la certidumbre de que una nueva época estaba a punto de comenzar y, sin embargo, nadie sabía como iba a ser.

Dicho acontecimiento, si es que un solo acontecimiento puede, marcó el *ethos* del momento actual. Lo desconocido no se desplegó en una sola dirección. Todos los valores que estaban presentes en aquella sala en 1945 dieron fruto, cada uno a su manera. La enorme excitación con motivo del envío al espacio del telescopio Hubble está ligada al potencial destructivo del blindaje contra cohetes del programa *Star Wars*. El empleo del rayo láser puede ser a un mismo tiempo mortal y benéfico, según se utilice para producir rayos mortales o en microcirugía.

Las personas espirituales suelen mostrarse escépticas frente a la tecnología y, por consiguiente, la rechazan. Como un practicante del budismo zen, en Connecticut, que se rehúsa a ver televisión y cree que los hornos microondas producen cáncer; o como un devoto musulmán, en Siria, que defiende la *fatwah* (opinión legal o norma establecida por un jefe religioso musulmán) contra la electricidad, fiel a la creencia de que sólo la pretecnología del mundo del Corán es sagrada. Al mismo tiempo, todos nos beneficiamos de la tecnología y su valor espiritual o ausencia de valor espiritual sigue inquietándonos.

Incluso un arma que para muchos resulte diabólica, también está enredada en la vida diaria. Estoy pensando en armas utilizadas y vendidas por Estados Unidos que se basan en uranio empobrecido (UE). Este material, que es el producto de desecho de las plantas de energía atómica, tiene el doble de densidad que el plomo (como también ocurre con casi todos los elementos radioactivos que pertenecen a la categoría de los metales pesados). Su densidad lo hace perfecto para penetrar gruesos equipos metálicos; por esta razón, el UE se ha constituido en el material preferido para fabricar balas y ojivas de cohetes antitanques. Más de trescientas toneladas de UE fueron lanzadas sobre el sur de Irak durante y después de la primera Guerra del Golfo en 1991, y se calcula que la guerra actual utilizó, por lo menos, la misma cantidad. Quienes se oponen a la guerra de Irak podrían tomar nota de los registros hospitalarios de Basra, una ciudad en el corazón del área del UE, que muestran un aumento importante de malformaciones congénitas. Yo mismo le oí contar a un médico que estuvo en esa región que había visto bebés que nacían sin ojos y fetos que nacían sin cabeza.

Muchos simposios se han reunido sobre el tema y dos opiniones extremas son claras. El ejército de Estados Unidos, citando su propia investigación y la de equipos independientes de las Naciones Unidas, señaló que no se detectó radiación residual en el suelo, el aire o las aguas en los lugares donde fueron utilizadas armas con UE (además de Irak, Bosnia también recibió bombardeo con UE). Los niveles de radioactividad suelen ser inferiores a los que se encontrarían sin la presencia de UE. El mismo uranio empobrecido se emplea en los hospitales, debido a su densidad, para protegerse de los rayos X y en equipos para resonancia magnética.

Por otro lado, diversos expertos observan que nadie ha hecho pruebas del efecto sobre el aire del polvo que queda después de que explota el uranio empobrecido. Las balas y ojivas de cohete que contienen UE se calientan en forma increíble tan pronto como son disparadas y esta alta temperatura no sólo causa la rápida destrucción de la radioactividad residual sino que convierte el uranio en un polvillo imperceptible.

Inhalar este polvillo resulta inevitable. Lo respiran todos en los alrededores de las explosiones de UE, lo mismo amigos que enemigos. Nadie menos que el oficial responsable de la descontaminación de los tanques expuestos al UE en la primera Guerra del Golfo culpa ahora al UE de sus graves problemas de salud, calificando su uso por parte de Estados Unidos como un crimen de guerra. En resumen, un lado afirma que el UE es totalmente inofensivo y el otro lado denuncia que va a condenar a millones de personas, en un futuro cercano, a sufrir cáncer y malformaciones congénitas. (A la contaminación con UE atribuyen los adversarios el misterioso "síndrome de la Guerra del Golfo" que parece haber afectado seriamente a una tercera parte de los soldados estadounidenses que participaron en dicha operación.) Armas similares se encuentran en los arsenales de Gran Bretaña, Francia, Rusia y otros poderíos militares.

No puedo conciliar las opiniones en este debate intensamente emotivo, pero sí puedo anotar que saca a la luz los temas críticos relacionados con la actual carrera armamentista:

La creatividad de los seres humanos para inventar nuevas armas no tiene límite.

Se desconoce el efecto de las armas sobre el futuro.

Los que desarrollan armas no van a suspender sus investigaciones.

El debate es demasiado complejo para que lo entiendan los ciudadanos comunes y corrientes.

Y aunque lo comprendieran, los ciudadanos no tienen poder en la cabina de votación para cambiar las políticas profundamente incrustadas en un grupo muy sólido de burócratas y corporaciones poderosos, grupos que son siempre los mismos, no importa quién sea el presidente.

El camino de la paz nos pide que no perdamos la esperanza. El atropello moral está ligado a la desesperación y a la pérdida de la esperanza. Un momento de desesperación fue cuando vimos las imágenes de la liberación de Auschwitz y nos dimos cuenta del estado esquelético de los internos y de los cadáveres amontonados. Para otras personas, probablemente dicho momento se produjo al ver la fotografía de la sombra en una acera de Hiroshima que era el único resto de un ser humano. La desesperación es una máscara para la creencia de que el individuo no importa. Cuanto más compleja y mortal es la tecnología, más fácil resulta decir: ¿Yo qué puedo hacer? ¿Qué pueden hacer los demás? Las cosas

están fuera de control. Pero como hacedor de paz, usted
tiene más poder que la tecnología y la desesperación es, por
lo tanto, falsa.

Fuerza militar y seguridad

En una época de presupuestos récord de defensa y con el
surgimiento de Estados Unidos como la única superpotencia mundial, como nunca antes, la fuerza militar es objeto
de intenso cabildeo. La subcultura que envuelve la carrera
armamentista es muy sólida y comparte los mismos valores. Durante la Convención Nacional Republicana de 2004,
CNN captó dos sonrientes congresistas que se dirigían a una
fiesta privada para distribuidores de armas y contratistas del
gobierno en un lujoso barco fondeado en el río Hudson.
Estos dos legisladores, que ocupan posiciones principales
en el comité de las armas, tienen carta blanca para tomar
decisiones que mueven miles de millones a favor de uno u
otro contratista. Como el escándalo a propósito de los contratos de Halliburton lo ha revelado, el mismo club permanece en el cargo año tras año. Los que no pertenecen al
grupo, los consideran como una camarilla de muerte y destrucción; pero ellos se ven a sí mismos como privilegiados
administradores de los intereses nacionales.

La posición oficial de todos los gobiernos a nivel mundial es que el poder militar es absolutamente necesario porque es el único medio para sentirse seguros en un mundo

peligroso. Esta consigna fue proclamada desde el podio en ambas convenciones nacionales, demócrata y republicana, del año 2004. Pero hagamos a un lado la sospecha de oportunismo, dado que cualquier observador habría podido constatar que la gran mayoría de los delegados demócratas estaban en contra de la guerra en Irak, y que su candidato, el senador John Kerry, tenía puntos a su favor porque, rompiendo con su pasado militar, se había opuesto a la guerra de Vietnam.

Más vulnerable todavía es este otro espejismo. En Nueva York, durante la reunión de los republicanos, había una patrulla de policía en cada manzana y se nos dijo que, esa semana, Nueva York era la ciudad más segura del mundo. Pero:

¿Qué tan segura era frente a una persona que caminara por la calle con un atomizador y esparciera en el aire el virus de ántrax o viruela?

¿Qué tan segura era frente a un pequeño avión que volara sobre el suministro de agua de la ciudad y lo contaminara con el bacilo del botulismo?

¿Qué tan segura era frente a una banda de atacantes con explosivos que irrumpiera en una planta nuclear, como la de Indian Point sobre el río Hudson al norte de la ciudad?

¿Qué tan segura era frente a un *hacker* de computadores que destruyera la red eléctrica que sirve a todo el estado?

Una superpotencia, a pesar de todos sus armamentos, es tan vulnerable frente a estas amenazas como cualquier otra nación. La verdad es que la ciudad más segura del mundo es aquélla en la que se pueda caminar por la calle y no se necesiten agentes de policía. El camino de la paz es nuestra única esperanza de seguridad. De lo contrario, lo que logran las demostraciones de poderío militar es incitar a los terroristas potenciales. No estoy diciendo que los ejércitos se puedan abolir de la noche a la mañana, porque no se trata de esto. El asunto es que el militarismo se ha convertido en una visión del mundo y las actuales amenazas a todas las naciones no se acaban con el uso de la fuerza.

Como el otro falso Dios, el espejismo del poderío militar se encuentra incrustado en la "jerarquía enredada". El camino de la paz es la mejor manera de vivir porque trasciende la confusión y el miedo de la jerarquía representada por la fuerza militar y cuyas palabras clave son:

miedo
vigilancia
inseguridad
beligerancia
tenacidad
firmeza
inflexibilidad
agresividad
masculinidad

Esta última palabra es un recordatorio de que bajo el pretexto de proteger a las mujeres, la "jerarquía enredada" del militarismo es estrictamente masculina y excluye todo valor femenino que podría ser deseable.

A la altura de la Guerra Fría, ambos lados comprendieron que era inútil desarrollar sus respectivas fuerzas atómicas. Una vez que Rusia y Estados Unidos se habían armado con un número de bombas atómicas suficiente para eliminar la población mundial, el surrealismo de su posición militar se hizo evidente. Ningún país podía lanzarse a construir armas atómicas y pensar en sobrevivir a un contraataque, lo cual significaba que su poder para hacer la paz era sólo imaginario.

La seguridad militar es hoy todavía más imaginaria y, sin embargo, la antigua creencia persiste. Nuestro ataque unilateral a Irak que comenzó en el año 2003 fue el primer ejercicio serio de poderío estadounidense desde la caída del comunismo soviético quince años atrás. La tentación de dominio ilimitado era excesiva para nuestros estrategas militares y la posibilidad de dominar el mundo estaba cerca.

Nadie habló de un imperio colonial, un modelo de dominación que fue condenado hace mucho tiempo. Éste debía ser un diseño más sutil basado en la amenaza militar, la comprensión implícita alrededor del mundo de que nadie podía esperar, ni remotamente, obtener una victoria contra Estados Unidos en el campo de batalla. La nueva forma de dominación también dependía de difundir el capitalismo del libre mercado a todos los rincones del planeta. El ingrediente final era la democracia, que Estados Unidos consideraba el mejor sistema político conveniente, si no el único, para todos los países.

Según este esquema, el mundo entero sería norteamericanizado y desde muchos aspectos nuestro imperio sería más absoluto que el imperio romano o el imperio británico en el clímax de sus conquistas. Con la llegada de la Coca-Cola y de MTV, los futuristas veían llegar el final de toda superstición y toda desigualdad, de tradiciones retrógradas y de gobiernos tiránicos.

Pero algo extraño y terrible sucedió: amplios sectores mundiales detestaban la idea de ser norteamericanizados.

Los cálculos acerca de la fuerza de Al Qaeda varían: podría contar con 200.000 miembros activos. Hemos oído hablar de células durmientes apostadas alrededor del mundo, a la espera del momento apropiado para desplegar el máximo terror, pero sucede que estas células no son la verdadera amenaza. La verdadera amenaza es la enorme popularidad de Osama bin Laden en todo el mundo: se dice que una camiseta con su imagen es el *souvenir* más vendido en el mundo islámico porque su figura se ha convertido en un símbolo que se extiende más allá del grupo Al Qaeda.

Después del monstruoso ataque contra los escolares rusos en Beslán, en septiembre de 2004, el mundo musulmán sintió asco. Los periódicos árabes admitieron que, en pocos años, una religión de paz había sido asaltada por elementos fanáticos y ahora tenía reputación de religión de violencia. Resulta irónico que el Corán excede al Nuevo Testamento en su condenación de la violencia y la guerra. Un devoto musulmán debe comprometerse a no hacer daño a ningún ser viviente y ni siquiera se puede cortar un árbol a no ser que se necesite la madera.

Tan fuerte es el vínculo del tribalismo, que después de las críticas de Beslán fue prácticamente la primera vez que pacíficos árabes de clase media rompieron filas. No obstante, el mundo musulmán sigue considerando a bin Laden como héroe, en gran parte porque muchos árabes rechazan el imperialismo de Estados Unidos. No quieren sentirse amenazados por el poderío militar norteamericano. No quieren ver desaparecer su cultura tradicional ni ver reemplazado su sistema de creencias. No quieren que las compañías estadounidenses los saquen de sus negocios y, en muchos casos, no quieren adoptar las formas democráticas que acompañan a los mercados libres. El ideal musulmán consiste en una vida totalmente inmersa en Dios, lo cual incluye el gobierno. Este precepto es consistente en sí mismo, a pesar de que los occidentales no sólo no consideren aceptable el regreso a un gobierno religioso sino que lo califican de bárbaro.

Los musulmanes han sido abiertamente condenados por oponerse a la modernidad. Si están en contra de la norteamericanización, lo que ofrecen como reacción parece ser peor: medievalismo. El gran período de la cultura árabe floreció en la edad media y la nostalgia por las glorias pasadas, estimulada por las humillaciones en épocas recientes, cuando tierras musulmanas fueron parceladas con el visto bueno de las potencias occidentales, ha hecho que para muchos la modernidad resulte intolerable. La "jerarquía enredada" sigue, no obstante, en estado de confusión porque en otra parte de su mente, la mayoría de los musulmanes quiere tener las ventajas del mundo moderno en términos de prosperidad, democracia y libertad para viajar por el mundo.

Vi una entrevista con un productor árabe de televisión en el clímax del sentimiento antinorteamericano durante la guerra de Irak. Le preguntaron a qué universidad iba a enviar a sus hijos y, sin dudarlo un momento, respondió, "A M.I.T. o a otra universidad del mismo estilo". Asombrado, el entrevistador le preguntó el porqué. "Porque quiero cambiar la pesadilla árabe por el sueño americano", respondió el productor, que trabaja para Aljazeera, la cadena satelital de noticias árabe que es la más vista en el mundo musulmán. Aljazeera comenzó como una voz de libertad, porque sus transmisiones, a diferencia de las de la televisión oficial en las dictaduras árabes, no estaban al servicio de la propaganda gubernamental. Como tal, Aljazeera se considera una fuerza de globalización, a pesar de que sus administradores reconocen que sesgan las noticias a favor de los intereses árabes, tal como las cadenas norteamericanas sesgan sus historias para favorecer los intereses de Estados Unidos. Satanizar a Aljazeera, como lo ha hecho la administración estadounidense durante la segunda guerra de Irak, muestra cómo se confunde la gente en la "jerarquía enredada". Pero algunas cosas resultan claras:

La globalización no va a detenerse.

Otras culturas sólo aceptarán cambiar a su propio ritmo.

Las culturas tradicionales cambiarán lentamente.

Cada nación tiene derecho a la autodeterminación, a pesar de que Estados Unidos no esté de acuerdo con el rumbo que tome.

El norteamericanismo no reemplaza los valores humanos.

Los bienes de la norteamericanización no son necesariamente buenos sólo porque benefician a Estados Unidos.

Los poderes coloniales del siglo XIX tenían la certeza de que los valores occidentales cristianos se extenderían por el mundo. Pero hay que preguntarse: ¿Cómo puede una potencia militar forzar a alguien a occidentalizarse contra su voluntad? ¿Cómo puede una guerra forzar a alguien a aceptar lo que otros piensan que le conviene? Lo más grave no es que las bombas atómicas de Estados Unidos sean ineficaces contra los terroristas, porque esto es evidente. Lo más grave es que el terrorismo es igualmente ineficaz contra el cambio. Dejando a un lado la dolorosa tragedia de la toma de rehenes en la escuela de Beslán, aquellos terroristas fueron engañados. Un niño les preguntó que por qué habían tomado su escuela y la respuesta fue, "Nuestras acciones aquí animarán a que musulmanes oprimidos se levanten en otros lugares". Pero lo contrario también es verdad: gobiernos de distintos lugares se están levantando contra los musulmanes.

Nadie puede realmente predecir si el militarismo norteamericano va a ganar la guerra contra el terrorismo, pero sabemos, desde el camino de la paz, que ambos lados están enredados en cuestiones insignificantes. La guerra contra el terrorismo es otra manifestación de violencia contra violencia. Ambas partes invocan a Dios. Ambas partes invocan la moral y acusan a la otra parte de crímenes contra la humanidad. Y lo que finalmente resulta es que están ciegos ante la realidad. Al tomar conciencia de que se trata de un espejismo, es preciso introducir un cambio en el nivel que tiene verdadero poder, el nivel en el que el alma conoce la verdad y hará todo lo posible para acabar con la ceguera y la irrealidad.

Creatividad diabólica

La guerra se ha convertido en algo brutal. Resulta inquietante que la naturaleza humana, en lugar de rebelarse, se haya adaptado a dicha brutalidad. Lo que hace tan siniestro el sufrimiento actual es que la gente acepte pasivamente vivir en una atmósfera de miedo.

Mientras tomamos el jugo de naranja del desayuno miramos indolentemente la noticia de una estación de tren que los terroristas volaron en Madrid. Mientras cenamos, oímos el informe de la campaña de choque lanzada contra Bagdad, a la que los ciudadanos respondieron con expresión de terror en sus rostros (las imágenes fueron ampliamente difundidas en todo el mundo pero silenciadas en las cadenas estadounidenses de televisión). Era el terror de los iraquíes ante un libertador que lanza desechos nucleares a altas temperaturas a través de sus fronteras, que hace llover toneladas de metralla para destrozar los cuerpos, que convierte las viviendas en escombros y abre un cráter de cien metros de diámetro para recoger las ruinas, impidiendo cualquier posibilidad de sobrevivir en su interior.

Desconocer estos desastres o considerarlos como efectos colaterales no disminuye el terror que generan. ¿Por qué nos quedamos inmóviles viendo la noticia?

Es bien conocido el malestar espiritual en que hemos caído. Se conoce como alienación o alejamiento de aquello que hace humana a una persona. El camino de la paz puede acabar con la alienación restaurando la posibilidad de respuesta que se había perdido a causa del adormecimiento de la conciencia. La mayoría de la gente, cuando mira de cerca su vida, sabe que algo anda mal. ¿Por qué nos interesamos en los iconos del *pop* y prestamos tanta atención a los más mínimos detalles de su vida? ¿Por qué no se realizan protestas significativas en las calles contra la más reciente arma del horror? ¿Por qué escuchamos a los fanáticos de toda calaña que dominan las ondas de la radio? Hace veinte años, unas doce estaciones de radio transmitían programas de impacto (*shock-jock*) o programas de opinión (*talk shows*) de extrema derecha y ahora son más de mil. Imposible no recordar la verdad expresada por W. B. Yeats durante el surgimiento del fascismo, "Los mejores no tienen convicciones mientras los peores están llenos de apasionada intensidad".

Me sorprendió leer que una demanda había sido entablada por algunas familias de las víctimas de los ataques del 11 de septiembre contra la Casa Blanca. La demanda involucraba al presidente Bush y a sus principales asesores. No eran acusados por no haber evitado los ataques terroristas sino por haberlos ordenado. Al principio me costó trabajo creer lo que estaba leyendo. El cargo era que el presidente necesitaba incitar un acto terrorista para obtener provecho político. Desde hacía treinta y cinco años estaba en la mente de algunos asesores el tema de la manipulación del público por medio del miedo y en el momento apropiado, alegaba la demanda, el presidente dio la orden para que los asaltantes entraran en acción.

¿Hemos llegado realmente a esto? En el año siguiente al colapso de las Torres Gemelas, la paranoia se desató en el rumor de que Israel habría orquestado los ataques. A través de internet se difundió que los judíos que trabajaban en el World Trade Center habían sido alertados para que no fueran ese día. Tal es el poder de la paranoia que la refutación obvia, que consistía en contar el número de judíos, incluyendo a ciudadanos de Israel, que murieron ese día, produjo muy poco impacto en los que querían creer el cuento. En Europa, con su virulenta tradición de antisemitismo, un libro que exponía esta teoría se convirtió en el libro más vendido en Francia. Por eso era predecible que surgiera esta última fantasía paranoica, que responsabilizaba a nuestro gobierno del ataque contra sus propios ciudadanos. Cuando usted lea estas líneas, este caso estará en internet al lado de rumores que culpan al gobierno de diseminar ántrax, ordenar pruebas terroristas en el sistema de transporte subterráneo de Nueva York y pagar secretamente a Osama bin Laden.

Semejante degradación y alienación no se produjeron de un momento a otro. Cuando el poeta William Blake vio cómo los campos ingleses se ensombrecían a causa del humo que arrojaban las fábricas —una gran novedad hace doscientos años— se pronunció acerca de los oscuros molinos de Satán, relacionando la industrialización con el infierno. Experimentó la desesperación que vendría después y se negó a dejarse aturdir o a aceptar lo inevitable en silencio. Blake era un místico que tenía la visión de un paraíso que podría surgir de la naturaleza humana caída, pero sabía lo suficiente como para identificar el inmenso obstáculo que tenía frente a él: nada menos que un cambio en la visión del mundo.

¿Sería que la protección divina
iluminó nuestras colinas nubladas?
¿Fue aquí donde Jerusalén fue construida
en medio de oscuros molinos de Satán?

La Jerusalén de su visión aún no había sido construida y no habría podido serlo, porque la sociedad industrial estaba haciendo una elección definitiva: cualquier paraíso del futuro tendría que ser un paraíso científico. La utopía se basaría en las invenciones. Para que esta visión antiespiritual se hiciera realidad, la "jerarquía enredada" tendría que reflejarla. Ciertos valores surgieron para dominar mientras la ciencia progresaba:

eficiencia
comodidades

progreso
racionalidad
industria
pleno empleo
capitalismo
mercado libre

Usted y yo vivimos hoy estos valores y la utopía nunca se hizo realidad. Lo que hacía que las fábricas fueran satánicas a los ojos de Blake sigue siendo verdad: si usted conserva los viejos hábitos de violencia y opresión pero con una tecnología más potente para lograr sus metas, el resultado es diabólico. La adaptación a la actividad industrial implicó despojarnos, capa por capa, de nuestra humanidad. Este proceso es doloroso y la gente todavía se resiste, como lo evidenció la anárquica demostración de 1999, durante la reunión de la Organización Mundial de Comercio en Seattle. Mientras pequeños pero acalorados grupos de manifestantes lanzaban canecas de basura a las vitrinas de los almacenes y ocasionaban olas de destrucción estimuladas por los medios, lo que la gente vio fue una rabieta irracional contra las bondades del mercado libre. El propósito de la OMC es que los países ricos ayuden a los países pobres en el crecimiento de su economía, pero a los ojos de quienes protestaban, algo mucho más turbio está en juego, como lo expresó un activista al decir que las demostraciones eran parte de "la creciente reacción mundial contra la maxi-mización de las utilidades a expensas del planeta".

No se trata de satanizar el progreso material. La ciencia ha producido algunas de las comodidades que prometió, pero el progreso ha sido corruptor. "Las cosas están en la silla de montar", escribió Ralph Waldo Emerson, "y cabalgan sobre la humanidad". Comprendo que la mayoría no reconoce la deshumanización que se ha producido. *Yo no soy quien está haciendo estas cosas malas,* suele ser el hilo conductor de todos nuestros pensamientos. Pero el principal signo de alienación es el empobrecimiento del potencial espiritual. Usted y yo nos encontramos en un estado que no es plenamente humano. Ser plenamente humano significa estar anclados en el infinito potencial creativo de la vida y, cuando no estamos allí anclados, olvidamos quiénes somos: fuerzas externas nos zarandean y nos refugiamos en diversas distracciones que compensan pobremente el inmenso poder y autoridad que hemos perdido.

Escuché una vez a un discípulo que intervino preocupado en una conferencia de un famoso maestro espiritual. "Quiero vivir una vida espiritual, pero tengo que ser honesto", dijo. "No quiero ser pobre. No quiero pasar incomodidades y vivir en forma miserable". El público sonrió nervioso, pensando en las frías baldosas del piso de los monasterios y en la dieta de té verde y arroz a las cuatro de la mañana, pero el maestro se encogió de hombros. "¿Por qué renunciar? Mientras no consigas la unidad, todo lo que tienes son tus comodidades".

No creo que fuera un comentario cínico. La posibilidad de sufrir, que en el pasado atemorizaba a la gente, ha aumentado mil veces. Saber que uno puede morir saltando desde lo alto de un rascacielos para huir de la gasolina en llamas de un *jet* es una posibilidad tan aterradora que es difícil concebir que alguien no reaccione con estupefacción, con el deseo de encontrar una distracción o con la indignación que degenera en aceptación pasiva.

¿Puede identificar las etapas por las que hay que pasar para renunciar a nuestra humanidad? El mismo proceso lo vivimos todos. Primero, una nueva guerra, una nueva arma o una nueva atrocidad producen impacto.

Sentimos que no podemos creerlo. La mente nos dice: *¿cómo pudo ocurrir esto?* Pero nos acostumbramos al impacto y tratamos de bloquear el miedo y la vergüenza que sentimos por la participación de nuestro país. Las autoridades nos informan que no tenían otra alternativa y esgrimen argumentos morales para demostrar que la violencia estaba justificada. La mente nos dice: *si quiero sentir seguridad, tendré que aceptarlo.* Así construimos una capa de insensibilidad alrededor del nuevo nivel de ansiedad en el que nos encontramos. No volvemos a hablar del tema de la guerra y de la muerte porque se considera inútil y es socialmente inaceptable. Entonces la mente dice: *ahora estoy por encima de esto. Todos los demás también necesitan superarlo.*

Cuando la insensibilidad es total, aceptamos como necesario el horror más reciente. Pensamos que la tecnología no puede detenerse, que es lamentable que los malhechores nos obliguen a asumir estas actitudes. La mente dice: *todo ha vuelto nuevamente a la normalidad.*

A lo largo de mi vida he visto millones de personas recorrer estos pasos para acostumbrarse a las explosiones de la bomba de hidrógeno, que produjeron más miedo que las armas actuales, más sutiles pero igualmente espantosas. ¿Bombas atómicas miniatura empacadas en un maletín? ¿Bacterias de viruela en las ojivas de los cohetes? ¿Gas venenoso en el sistema de transporte subterráneo? Aunque han sido empleadas o se ha pensado usarlas, ninguna despierta horror.

Hay momentos, sin embargo, en los que los individuos descubren, asombrados, que la realidad no puede ocultar nuestra naturaleza espiritual esencial. Recibí ayer un mensaje de una mujer que, curiosamente, traspasó los límites de la vida ordinaria mientras daba a luz.

Era joven y saludable, y, hasta el momento del parto, su embarazo había sido normal. Pero cuando estaba en el hospital, con las primeras contracciones sintió dolor en el pecho, intenso dolor de cabeza y visión doble. Su obstetra no prestó atención a estos síntomas y le dio un Alka-Seltzer. Pero a los diez minutos de iniciar el trabajo de parto, tuvo un ataque y entró en estado de coma. Sin que nadie se diera cuenta, había sufrido dos hemorragias cerebrales. Su cuerpo entró en un estado conocido como falla multisistémica, del cual pocos pacientes se recuperan.

Temiendo lo peor, el médico practicó una operación cesárea que permitió el nacimiento de un bebé saludable. Aún en coma, la madre fue trasladada a la unidad de cuidados intensivos y a la familia se le comunicó que realmente no había esperanza y que, en caso de que su hígado, sus riñones y otros órganos se recuperaran, nunca volverían a funcionar normalmente. Las únicas posibilidades que tenía esta paciente eran la muerte o quedar reducida a la invalidez definitiva. A los familiares les dijeron que estuvieran preparados para la primera posibilidad.

Pero aunque estaba en estado de coma, la mujer no estaba inconsciente y con estas palabras describió lo que experimentó, "Cuando le preguntaron al Buda acerca de la muerte, puso su tazón boca abajo, expresando así la oscuridad dentro de la oscuridad. Yo estuve en esa oscuridad. Yo me convertí en conciencia pura, libre de todo lazo humano con la familia y los amigos, libre de toda emoción incluso de amor y compasión, libre de todo menos de conciencia pura. Y estaba en completa paz".

Los relatos acerca de lo que ocurre después de la muerte, incluyendo cielos e infiernos, viajes hacia la luz y fuera de ella, no alcanzan a tocar en forma tan sincera la realidad espiritual como lo vivió esta mujer. La oscuridad en que se hundió es el principio de la existencia. La realidad visible se construye a partir de este principio de la misma manera como un edificio se construye desde sus cimientos y, capa por capa, aparecen diversas realidades. Para la persona religiosa, estas realidades incluyen ámbitos, como el mundo angelical o los cientos de *lokas* del budismo tibetano. Para el científico, incluyen el mundo quántico y las dimensiones ocultas de materia y energía a las que se abren los agujeros negros.

La jornada espiritual nos conduce nuevamente hacia el principio, donde reside la conciencia pura junto con una paz imperturbable. En el caso de esta mujer, la prueba de que ella realmente fue a algún lugar es innegable. No sólo se recuperó del estado de coma sino que cinco años después su estado de salud no presenta síntomas del episodio de falla multisistémica. Despertó con una conciencia totalmente diferente acerca de quién es ella y del propósito de su vida:

"Sé que Dios me devolvió a la vida y a la buena salud por una razón", dijo. "Tengo una misión que cumplir, que incluye educar a mi hijo, pero también escribir y enseñar acerca de la dimensión espiritual". Su compromiso personal es tanto más significativo, si se tiene en cuenta que esta mujer es musulmana y actualmente vive en San Francisco.

Mientras andamos ocupados en el diario vivir, usted y yo no nos damos cuenta del principio de la realidad. Pero está presente en nosotros. Así como un edificio se derrumbaría sin unos cimientos, el mundo de los cinco sentidos está invisiblemente sostenido por una inteligencia infinita. Depende del estado de conciencia. Depende de las leyes naturales que están presentes en cada átomo. Y aunque no experimentemos el estado de conciencia pura que acabo de describir, usted y yo podremos escapar del sufrimiento si encarnamos esas cosas y alcanzamos aunque sea un poco de ese estado. Los pasos no son complicados o, de hecho, sólo hay uno: profundizar cada día más en el potencial de cambio que subyace a nuestra vida.

Permítame hacer una descripción de la vida, no como la vemos sino como ondas de conciencia que se mueven del centro hacia la periferia.

Centro: Conciencia pura, ser puro, paz pura.

Primera onda: La conciencia se agita. Todavía no existe el tiempo ni el espacio. La única cualidad que asoma es una débil vibración.

Segunda onda: La débil vibración comprende que es consciente. Al mismo tiempo, descubre que puede crear cualquier cosa. Ha aparecido la vida y comienza a moverse rápidamente.

Tercera onda: La creación alborea con propiedades invisibles que se convertirán en cosas materiales y experiencias subjetivas. Entre estas propiedades se encuentran la inteligencia, la felicidad, la organización, el desarrollo en el tiempo, la expansión en el espacio. Hasta este momento, todo estaba unificado, pero ahora la unidad se ha dividido.

Cuarta onda: La creación estalla en un millón de fragmentos, cada uno de los cuales se convierte en un millón. Pero a la conciencia no le preocupa perder el control porque el equilibrio sigue favoreciendo la unidad. El creador está dentro de la creación.

Quinta onda: El mundo exterior sigue sus propias leyes. Aparentemente la conciencia no ejerce el control y actúa como simple espectadora, disfrutando la danza de la creación. En este estadio aparece la mente, es decir, la capacidad de reflexionar acerca de lo que está pasando.

Sexta onda: La mente comienza a sentirse dividida. Un observador se convierte en innumerables observadores, cada uno con su propia historia y su propio punto de vista. En este estadio nace el ego.

Séptima onda: La creación resulta infinitamente fascinante. Los acontecimientos externos dominan. El creador se ha perdido dentro de su creación. Parece que, individualmente, no hay nada qué hacer para detener el mecanismo.

En esta última onda, el sufrimiento es un hecho vital. Tiene que ser así porque la división es un hecho vital y los dos van de la mano. Afortunadamente, la realidad es dinámica. Nunca hubo una creación única. Ondas tras ondas de creatividad están constantemente en movimiento desde el principio. Según su estado de conciencia, usted se encuentra en una de estas ondas. Entonces, todo lo que parecía fijo e inmutable cambia y el cambio no se produce por partes; es una unidad que afecta al todo.

La siguiente onda de la evolución traerá un mundo que no podríamos reconocer desde donde actualmente estamos porque tendremos la certeza de que la conciencia todo lo invade. Mientras escribo estas palabras, en el otoño de 2004, el tercero de tres violentos huracanes se ha desatado con efectos devastadores. El primero, el huracán Charley, era algo más que una típica molestia estacional: sembró destrucción en todo el centro del estado de Florida, que puso en movimiento las ayudas de emergencia. Pisándole los talones venía el huracán Frances, que era tan grande como Texas y se demoró treinta horas sobre el estado de Florida; sólo por casualidad la fuerza del viento disminuyó antes de que aterrizara. A los pocos días, el huracán Iván, igualmente gigantesco, se desvió del Caribe y aterrizó en la Costa del Golfo con vientos de 130 millas por hora, desatando a su paso una serie de tornados. La gente común y corriente ha comenzado a preguntarse:

¿Esta cadena de huracanes es un accidente o algo está pasando?

¿La naturaleza se ha vuelto contra nosotros?

¿Ocurrió esto en Florida debido a los vergonzosos manejos políticos durante las elecciones del año 2000?

¿Dios está diciendo que no lo vuelvan a hacer?

La pregunta de fondo es ésta: ¿estamos ocasionando cambios en la naturaleza? La respuesta espiritual es: ciertamente los estamos ocasionando, porque la madre naturaleza es perturbada por nuestra falta de amor y respeto por ella. La respuesta científica es: ciertamente los estamos ocasionando, pero sólo indirectamente a través de décadas de imprudente contaminación. Todo depende del nivel de con-

ciencia que predomine en su conocimiento. Todas las respuestas están enredadas entre sí, pero creo que, para des-
enredarlas, la ciencia algún día relacionará los cambios de la
naturaleza con la conciencia de la humanidad. Los desastres
naturales no son un mensaje de parte de Dios sino un mensaje de parte de nosotros mismos.

Las grandes tradiciones espirituales han descrito cómo
una persona puede alcanzar la condición de creador. Al recuperar el poder, todo cambia en una forma que, desde la
situación de alienación y división, resulta inimaginable.

Un mapa de carreteras de la creación

Las cosas mejoran a medida que evoluciona el estado de conciencia

Recuperamos la sensibilidad y desaparece la insensibilidad.

Recobramos una sensación de benignidad. Pertenecemos a este lugar y somos apreciados.

Los deseos dejan de ser autodestructivos y nos comu-
nican poder.

Los pensamientos tienen un efecto benéfico sobre el
medio ambiente.

La realidad toma una dirección evolutiva para todos los
demás.

Las leyes de la creación resurgen bajo el control de la conciencia humana.

Se convierte en lugar común la posibilidad de vivir en el nivel del alma.

Todos estos cambios ocurren gradualmente, y son cada vez más fuertes a medida que la persona profundiza. La evolución espiritual no sirve para que nos sintamos mejor. Sirve para devolvernos poder y autenticidad. El eslogan "es usted quien crea su propia realidad" se ha convertido en cliché, pero no deja de ser verdad. Un creador que ha perdido su poder sigue estando encargado de la realidad, pero hay tanta confusión en su interior que el proceso se encuentra oculto. Cuando la gente pregunta, ¿por qué mis sueños no se hacen realidad?, la respuesta es que se están haciendo realidad, pero cuando se tienen sueños que entran en conflicto entre sí, que mezclan la fantasía y la verdad, que están entrelazados con el miedo y la ira, no hay que extrañarse de que los resultados sean confusos. Usted y yo fuimos puestos en este mundo como creadores, pero ¿qué bien nos puede hacer si nos aterramos ante nuestras propias creaciones diabólicas?

Ser espiritual no significa dar la espalda a la tecnología. En la década de 1970, cuando las guerrillas Khmer Rouge se tomaron Cambodia e instalaron a Pol Pot como dictador, un millón de personas murieron en una vasta rebelión contra el progreso. Toda persona que hubiera recibido educación universitaria fue ejecutada. Los automóviles y otros aparatos asociados con el Occidente decadente fueron destruidos. La población urbana fue trasladada al campo y, en pocos años, a falta de la maquinaria agrícola que había sido destruida, carros tirados por bueyes trituraban el arroz sobre el pavimento de las autopistas. El regreso al pasado se convirtió en su propia versión del infierno.

La elección no es entre el pasado y el futuro. La ciencia no va a perder su predominio. Para vivir en paz con este hecho, usted y yo tenemos que restablecer una autoimagen que en su esencia sea espiritual y humana. Un santo no es menos santo porque conduzca un automóvil, pero un ser humano se hace menos humano cuando apoya a los países que construyen armas de destrucción masiva.

La ciencia seguirá buscando nuevas formas de producir artefactos mortales mientras no transformemos la imagen que tenemos de nosotros mismos. Éstos son algunos de los principios aceptados desde la actual visión del mundo y que impiden la evolución espiritual.

El animal humano

Cómo la ciencia distorsiona la naturaleza humana

Somos, básicamente, animales: somos unos mamíferos evolucionados.

Nuestro comportamiento está gobernado por nuestra

naturaleza animal, que ha permanecido intacta a lo largo de millones de años.

La naturaleza animal está impresa en nuestros genes y, por lo tanto, en nuestro cerebro.

Actuamos según las órdenes que dictan las reacciones químicas de nuestro cerebro.

Una parte del cerebro es racional y esta parte superior del cerebro produce lo mejor del comportamiento humano.

El mundo es un mejor lugar gracias al dominio de la razón sobre los impulsos irracionales.

Usted y yo hemos aprendido a adaptarnos a estos principios fundamentales, los mismos a los que tenemos que dejar de seguirnos adaptando si queremos ponerle fin a la guerra y a la violencia, porque bajo la apariencia de ser racional y objetivo, este tipo de razonamiento ha creado la maquinaria infernal de la guerra.

Somos, básicamente, animales: somos unos mamíferos evolucionados

En el momento en que uno se ve a sí mismo como un animal, resulta más fácil matar a alguien. La anterior visión del mundo que reconocía en los seres humanos un alma, contenía un imperativo moral que ya no tiene sentido. "No matarás" no es una ley que los animales obedezcan. Después de Darwin, a la gente religiosa le quedaron dos posibilidades: aceptar la verdad de la evolución o defender la creencia precientífica de que Dios creó el mundo tal como es sin la educación. Pero la batalla es social; el corazón de este asunto se encuentra en la doctrina darwiniana según la cual todos los animales evolucionan en una lucha de vida o muerte, lo que implica que también nuestra especie hizo lo mismo y que tuvimos éxito porque nos convertimos en asesinos.

No creo que alguien se sorprenda ante la evidencia física de la evolución. Nuestros antepasados pudieron tener éxito recurriendo a la violencia —aunque también hay evidencias de que tuvieron éxito gracias a la vida en comunidad— pero de entonces a ahora hemos evolucionado notablemente. Nuestros antepasados humanos existieron, al menos durante 500.000 años, sin conocer el fuego pero cuando llegó la Edad de Piedra, la humanidad evolucionó hasta convertirnos en criaturas que empleamos el fuego como si siempre hubiera sido así. Toda la discusión acerca de nuestra condición animal tiene muy poco que ver con los grandes progresos de los seres humanos primitivos, no sólo al domesticar el fuego sino con el invento de la rueda, el tejido, la agricultura y la construcción de viviendas. Éstos fueron pasos no violentos en la evolución y cada uno tuvo lugar independientemente de nuestra naturaleza animal. Los animales salvajes están obligados a permanecer en el exterior, a cazar para alimentarse y a morir a causa de diversos accidentes o enfermedades. Nosotros, en cambio, no estamos obligados. Evolucionar para estar en paz no cambia el pasado sino que lo hace irrelevante.

Nuestro comportamiento está gobernado por nuestra naturaleza animal que ha permanecido intacta

Si el primer punto no es verdad, éste tampoco puede ser. La ecuación entre ser humano y naturaleza animal no es exacta y suele ser moralista. Las pandillas que recorren las calles cometiendo crímenes son calificadas de "animales" y también se llama "animal" al esposo que abandona a su esposa por una mujer más joven y más atractiva. Las guerras se describen como prolongación de los depredadores carnívoros que atacan animales que tranquilamente están pastando, o una nueva especie eliminando otra en una competencia despiadada. Estas comparaciones sólo sirven para hacernos sentir vergüenza: son degradantes, tanto para nosotros como para los animales. Puedo contemplar la naturaleza animal que hay en mí sin sentir vergüenza: como, respiro, excreto, tengo relaciones sexuales y tengo un cuerpo físico porque ésta es mi herencia animal. En ninguna de estas cosas hay conflicto con el espíritu. El antiguo prejuicio religioso contra el cuerpo y en favor del alma no nos deja ver un hecho elemental: no hay que avergonzarse de ser mamíferos, dada la belleza y maravilla del mundo animal.

Si la violencia es considerada como un rasgo animal, hay que contraponer a esta idea que los animales no matan por deporte, no exterminan a los otros animales por codicia, ni recurren a la violencia para sentirse importantes o derrotar el bien. Éstas son, todas, prácticas humanas y, solamente cuando asumamos nuestra responsabilidad por ellas, tendremos derecho a culpar nuestro pasado animal. Culpar el pasado es, en todo caso, inútil ya que los actos violentos son producto de decisiones actuales.

La naturaleza animal está impresa en nuestros genes y, por lo tanto, en nuestro cerebro

Todo comportamiento tiene una huella genética. No hay razón para concentrarnos únicamente nuestra llamada naturaleza inferior. El altruismo está impreso en nuestros genes, como lo demuestra que muchas criaturas que están por debajo de nosotros en la escala de la evolución, sacrifican su vida para salvar a sus crías o defender una colonia en peligro de perecer. Una abeja muere después de usar su aguijón pero la colmena sobrevive.

Los genes no distinguen entre conducta inferior y conducta superior. El amor y la crianza son conductas que están genéticamente impresas; lo mismo que el lenguaje, cuyo origen se remonta a muchos millones de años. (Desde hace varias décadas hemos oído hablar del lenguaje de los delfines, pero un perro ovejero australiano fue entrenado por investigadores, en Alemania, para entender doscientas palabras, tantas como un chimpancé.) Las actividades humanas más sofisticadas, como mi habilidad para mecanografiar estas palabras, tienen su raíz en la estructura cerebral y, probablemente, la espiritualidad también. Todo lo espiritual se experimenta en forma de pensamientos, sentimientos o acciones que dependen del ADN, de manera que si se les echa la culpa de la violencia a los genes, también hay que echarles la culpa de la santidad.

Actuamos según las órdenes que dictan las reacciones químicas de nuestro cerebro

Cuando uno cree que está siendo uno mismo, ¿es solamente el producto final de unos elementos químicos? Ésta es una forma de determinismo que para muchos es verdad. Si la medicina puede aliviar la depresión alterando los niveles de serotonina en el cerebro; si la ansiedad, el comportamiento obsesivo compulsivo, el déficit de atención y la esquizofrenia pueden aliviarse de la misma manera, la evidencia indicaría que toda conducta es producto de la química cerebral. La neurología localiza algunas conductas en determinados lugares del cerebro o centros de control que funcionan como interruptores que "se prenden" y "se apagan" para que sintamos lo que sentimos y para que hagamos lo que hacemos. La falacia, aquí, es que los mismos lugares del cerebro también se prenden cuando nosotros queremos o cuando alguien más quiere. Si se practica una resonancia magnética a un paciente que sufre un trastorno obsesivo compulsivo, determinadas áreas del cerebro aparecen anormales. Si se administra una droga como Prozac, estas áreas recuperan su funcionamiento normal. Pero si el paciente entra en una psicoterapia sin drogas, la conducta obsesiva suele mejorar y las áreas del cerebro relacionadas vuelven a su normal funcionamiento. Lo que esto significa es que la química cerebral no es la causa fundamental del cambio sino un indicador.

Se sabe actualmente que en mujeres con cáncer de seno, la posibilidad de recuperación aumenta cuando participan en una terapia de grupo y hablan de su enfermedad. La empatía y la experiencia de relacionarse con otros cambian el cerebro y éste, a su vez, envía señales que cambian el organismo. Si la curación se produce, es porque podemos tomar decisiones que están por encima de la función cerebral. Ciertamente dependemos de un cerebro sano para poder participar en la vida, así como no podemos oír música si el aparato de radio no funciona, pero esto es muy diferente a creer que el aparato de radio compone música. Un cerebro sano ejecuta nuestras instrucciones, porque somos nosotros quienes componemos la música, el cerebro es el instrumento.

Una parte del cerebro es racional y a esta parte superior del cerebro corresponde lo mejor del comportamiento humano

Nadie cuestiona que la corteza cerebral es el centro del pensamiento y del razonamiento. Pero despista el hecho de considerar que el cerebro superior es la única fuente de progreso, como si tuviera que vencer al cerebro inferior en una guerra constante y que no tiene fin. El cerebro inferior es instintivo y es el centro de nuestras emociones. Ciertos sentidos, como el olfato, están directamente vinculados con el cerebro inferior. Pero nada de esto significa que el cerebro superior y su capacidad para razonar nos hubieran dado la civilización.

La razón nos dio armas terribles e hizo diabólica la guerra. Y lo hizo, precisamente, desconectándose de las emociones y de los instintos. Nuestro mayor enemigo no es la irracionalidad sino el desequilibrio. El cerebro humano funciona como un todo. A través de las imágenes cerebrales podemos ver que todo pensamiento es como una sinfonía en la que diversas partes del cerebro "se prenden" al mismo tiempo, cada una en concierto con la otra. Nunca hubo una competencia neurológica en nuestro interior. No es posible pensar en una sola palabra, como paz, o en una sola imagen, como un mundo en paz, sin usar todo el cerebro.

El cerebro inferior es el principal agente de las relaciones. Cuando miramos a los ojos a alguien y reconocemos una expresión amorosa, lo que realmente está ocurriendo es irracional, en el sentido de que su cerebro está traspasando la corteza y yendo directamente a sus centros intuitivo y emocional. Estos centros nos informan si podemos confiar en alguien. Más allá del análisis racional, sabemos inmediatamente si otra persona se sintoniza con nosotros. Estas señales intuitivas siempre están llegando, pero el cerebro superior puede escoger no prestarles atención. Son "apagadas" en la sinfonía y no son escuchadas. Esta exclusión es la raíz de la alienación. Una persona alienada tiene un sentimiento dominante: desconexión.

En estado de desconexión, el cerebro superior no puede reemplazar las funciones perdidas. La moral no puede luchar contra las emociones de miedo, aislamiento, soledad y la sensación de permanente inseguridad. Estos sentimientos siempre vagan por la mente a no ser que el cerebro inferior reciba una información de parte del cerebro superior que le dé confianza. Ahora bien, no alimentamos dicha confianza sino que la excluimos y, cerrando los canales del sentimiento y la intuición, dejamos en libertad al cerebro superior para desarrollar el lado diabólico de la ciencia. Un amigo que estaba viendo vociferar en televisión a uno de los partidarios de la guerra, opinó, "Algunos de ellos parecen de piedra". El cerebro inferior no merece que se le considere como la raíz del salvajismo, pues contiene la dulzura del amor y la sensación de estar en unión con otras criaturas, y esto puede derretir hasta las piedras.

El mundo es un mejor lugar gracias al dominio de la razón sobre los impulsos irracionales

Hace poco vi un video de un niño con problemas de conducta tan serios que su madre dijo, "Me duele usar estas palabras, pero tengo miedo de mi propio hijo. Algunas veces, su ojos parecen como los de un demonio". El niño, de nueve años, presentaba síntomas de psicopatía. Prendía fuego en secreto, torturaba animales, demostraba fascinación por los cuchillos y, cuando le daban pataletas, se golpeaba la cabeza contra la pared. En algunas ocasiones untaba la pared con heces. Podía ser tierno y cariñoso pero, sin motivo, se ponía rabioso.

Los padres trataban de ser comprensivos. Consultaron con médicos y recurrieron a muchas terapias. Ningún tratamiento a base de medicamentos parecía hacer efecto, hasta que un psiquiatra se dio cuenta de que la dinámica familiar era complicada. Los padres se esforzaban por amar a su hijo, pero ésta era una orden del cerebro superior que les decía: deben amar a su hijo, es lo correcto. Emocionalmente guardaban distancia de su hijo, sintiéndose incapaces de amarlo de verdad, de aceptarlo sin tener que fingir, de tolerarlo y perdonarlo. Sin advertirlo, se fueron alejando y, como respuesta, su hijo se volvía cada vez más destructivo. El comportamiento de este niño parece una metáfora del cerebro inferior proscrito. En detrimento de la humanidad, la ciencia ha condenado el cerebro inferior al exaltar la razón. Hemos convertido la sin razón en un demonio y está actuando como tal.

Fuera del recinto del cerebro superior existe un ámbito mágico, como muchas personas lo han descubierto al alejarse de la utopía frustrada de la ciencia. La irracionalidad no gobierna allí en lugar de la razón. Una mente expandida sigue siendo racional, pero incluye mucho más. Todas las herramientas que necesita un creador están a la mano y las etiquetas de razón y sin razón resultan irrelevantes. Lo que sí es relevante es el aumento en la capacidad creativa. El camino de la paz, como con seguridad ya se habrá dado cuenta, depende de lograr la confianza para decir: éste es mi mundo y puede funcionar como mi visión de perfección quiere que funcione.

Esto puede sonar más arrogante que cualquier declaración de la ciencia, pero creo que la verdad que la sustenta es humilde. Cuando abandonamos nuestra actitud de conquistadores de la naturaleza, el universo nos ofrece gratuitamente los bienes que estábamos tratando de conseguir por la fuerza. El más profundo misterio de todo esto es que cada persona es más poderosa que las leyes aparentemente de hierro que nos controlan. Una mujer, a quien le creo, me contó esta historia. Toda su vida se había sentido atraída por psíquicos y curanderos. El medio en que creció, en las afueras de Fort Worth, no explicaba su fascinación, pero de alguna forma la semilla estaba en ella. A los veintidós años era profesora en un colegio y vivía con su esposo que era vendedor de automóviles. A los cuarenta y dos años se había divorciado, se ganaba la vida como terapista del cuerpo y de la mente y estaba completamente entregada a lo que cualquier espíritu le pidiera que hiciera.

Durante algún tiempo practicó la *huna*, el sistema de curación de los kahunas hawaianos. Este sistema consiste en masajes y otras formas de trabajo corporal, pero ella profundizó en los aspectos esotéricos. Algo que los kahuna repiten es que nuestro cuerpo sólo es una proyección mental y que con el poder de la mente podemos curarlo en forma inmediata. "Eso me pareció que era verdad", dijo ella, "y un día, cuando estaba cortando vegetales, me di cuenta de que me había cortado la mano y que la sangre empezaba a salir. Inmediatamente pensé que yo podía curarme. No recuerdo haber hecho nada más, pero cuando volví a mirarme la mano, la herida había desaparecido. No había señales de haberme cortado, ni siquiera tenía un rasguño.

"Desde entonces me he cortado y me he rasguñado muchas veces. Nunca me he vuelto a curar una herida y tampoco lo pienso. Algunas veces me detengo y me digo a mí misma: ¡Qué estupidez! Uno entiende lo que es posible. ¿Por qué no hacer que desaparezca esta herida? Ojalá tuviera una respuesta".

La respuesta es que, al principio, sólo vislumbramos la realidad profunda en destellos ocasionales. El impulso momentáneo de sanar fue lo que hizo que se borrara la primera herida. No hubo vacilación ni duda. La herida y el sanador se encontraron en el momento exacto. Lo cual significa que la sanación es un lugar dentro de la propia conciencia y, si se tiene acceso hasta ese lugar, las reglas normales que gobiernan el cuerpo no se aplican. En las siguientes ocasiones, esta mujer no pudo hacer coincidir su mente y el momento.

La paz involucra todas las cosas que esta historia enseña. La paz se logrará cuando nuestra mente tropiece con un brote de violencia y diga, con total confianza "yo puedo curarlo". Lo mismo que curar una herida en la mano, la paz tiene origen en un lugar al que tenemos que acceder. No tenemos que esperar un acontecimiento en el futuro cercano. La paz es una realidad que existe en una onda de la conciencia que se encuentra más cerca del centro que la onda en que actualmente nos encontramos. No quiero que esto suene esotérico o místico. Pero tenemos que conocer las leyes de la concientización para poder transformar la realidad de forma permanente. Por el momento, tengo la seguridad de que se manifestarán más y más relámpagos de paz. Con cada uno, aprenderemos a conocer mejor las leyes de la concientización y, con el tiempo, seremos expertos. Éstas incluyen:

La ley de que la realidad física es producto de la conciencia.

La ley de que el poder es mayor a medida que uno se acerca al principio del ser.

La ley de que los eventos de masas son imágenes en el consciente colectivo.

La ley de que la realidad física produce milagros solamente cuando el estado de conciencia les permite emerger.

El camino de la paz es un nuevo laboratorio en el que estas leyes son investigadas. Es posible estudiarlas hasta donde cada persona quiera hacerlo. No hay que recurrir a la ciencia ni se necesitan técnicos y especialistas. Éste es el laboratorio del espíritu y la hipótesis que usted va a tratar de probar es su propia alma.

La política del alma

"¿Realmente crees que tu voto representa alguna diferencia? Me sorprendes, Deepak. Creí conocerte mejor".

Mi amigo Andrew llegó tarde a nuestra cita. Era Andy cuando lo conocí en la década de 1970. El último año en que votó por un presidente había sido en 1972. Recuerdo que se demoró algún tiempo para quitar el letrero que tenía en el parachoques de su automóvil y que decía: "No me culpen, soy de Massachusetts".

Se rio cuando se lo recordé. "Tienes buena memoria para las fechas", me dijo. Ese letrero identificaba a los que habían votado por George McGovern en las elecciones de 1972, el año en que Richard Nixon ganó en todos los estados excepto en Massachusetts.

Otras cosas cambiaron para Andrew por aquel entonces. A causa de Vietnam, del reclutamiento, de Watergate y del rumbo de la época, renunció a la política y comenzó a moverse en un sentido espiritual. El siguiente letrero que puso en el parachoques de su automóvil decía "Católico en recuperación" y el actual dice "Practique ocasionales actos de bondad".

"Acabo de ver una estadística en CNN", dijo. "¿Sabías que el ochenta y seis por ciento de los que van a la iglesia una vez a la semana o más piensan votar por Bush?" Dio un mordisco a su sándwich vegetariano y precisó, "Los de cualquier iglesia, no sólo los fundamentalistas".

"Al menos, sigues siendo emocional a propósito de las elecciones", le dije.

"Soy un manojo de emociones. El apego es uno de los temas que más me preocupan".

Entonces surgió la pregunta acerca de si las personas espirituales deberían votar. ¿Realmente un voto hace alguna diferencia? ¿No es suficiente lo que hacemos por el mundo sin tener que participar en este inútil ritual? ¿Votar lo convierte a uno en un buen ciudadano pero en un mal santo? Andrew establece una clara distinción entre espiritualidad y religión. Ya no se considera un católico practicante y, por lo tanto, no forman parte de su vocabulario estas palabras del evangelio: "Den al César lo que es del César". Se levanta al amanecer para su meditación diaria, come vegetales orgánicos, recibe masajes y lee con mucha seriedad —aunque yo me burlo un poco de él— los escritos de todas las religiones.

Por eso se siente decepcionado al saber que, después de todos estos años, yo siga votando.

En esencia, esto fue lo que le dije: Ser espiritual es caer en la cuenta de muchas cosas, una de las cuales es que todos los seres humanos estamos conectados. Por eso cualquier acción afecta el resto de nuestra vida y en todo mo-

mento influimos en la vida de los demás. No podemos desconocer que todos estamos conectados y éste es un nuevo
tipo de poder que adquirimos.

Parecería que el acto cívico de introducir un voto en la
urna es un gesto insignificante. En una atmósfera de intolerancia también puede parecer un gesto improductivo, pero
no lo es. El voto contiene su propio misterio envuelto en el
concepto de alma y en lo que significa tener alma.

Cuando empecé a escribir este libro sabía que todos
los temas iban a ser candentes y que cada capítulo podría
comenzar con un artículo de prensa acerca de la guerra, el
terrorismo, el nacionalismo y otros temas del mismo estilo.
Lo que no esperaba era encontrar el tema del alma en un
artículo en *The New York Times* titulado "El duelo entre el cuerpo y el alma". Comencé a leerlo con mucho interés porque
el autor, un profesor de psicología de Yale llamado Paul Bloom,
argumentaba contra la idea de que el cuerpo y el alma son
dos cosas diferentes.

En el contexto del acalorado debate acerca del aborto,
recurriendo a un dualismo de sentido común, muchas personas esperan que los científicos digan exactamente cuándo
se hace humano un racimo de células en el vientre de la madre,
como si hubiera un momento preciso en el que el alma en-
trara al cuerpo o, para expresarlo en términos modernos, en
el que la mente se hiciera conscientemente humana.

El profesor Bloom señala que la ciencia nunca tendrá
respuesta, porque el desarrollo del niño y la historia de la

evolución muestran, ambas, que se accede al estado de conciencia a través de un proceso gradual que se manifiesta en cambios casi invisibles. Por esta razón, un biólogo no puede identificar cuál fue la primera criatura sobre la tierra que se hizo consciente, ni el momento en que el feto se hace consciente.

En este punto del artículo me sentí abatido, porque Bloom agrega que el alma es un espejismo. Cuando el cerebro "se prende" en una determinada región, ésa es la mente, y nada más, lo que es lo mismo que decir que somos producto final de la química cerebral.

Como defensor del alma, debo demostrar que tiene que ser algo más que química cerebral y debo explicitarlo muy bien, porque la noción religiosa del alma se ha degradado tanto que ha dejado de ser útil. Ojalá no fuera así, pero, lamentablemente, las mentes más cerradas se encuentran entre la gente religiosa, no porque sean inflexibles o fanáticas (a ese tipo de personas no les interesa discutir el tema), sino porque tienen una idea preconcebida acerca de Dios y del alma. Su mente busca pruebas para lo que consideran como verdad y esta actitud es tan obligante como la actitud científica: la una se basa en la fe en lo que no se ve y la otra en el total escepticismo acerca de lo que no se ve.

¿Por qué hay que ocuparse de este tema en un libro que trata sobre cómo acabar con la guerra y la violencia? Porque el tema central es la concientización. La guerra estalla en la conciencia de las personas, desde un nivel más profundo que la vida ordinaria. Un ataque como el del 11 de septiembre desata una reacción visceral que se extiende a toda la sociedad sin dejar espacio para el desacuerdo. Hasta quienes ahora se oponen enérgicamente a la segunda guerra de Irak asumieron esa posición, estaban obnubilados por la cólera y el rechazo que se apoderaron de nuestra sociedad.

El alma se encuentra más allá de la cólera y el rechazo, pero para tener algún efecto en el proceso de paz, el alma tiene que ser tan accesible como la cólera y el rechazo. Por ahora, esto no es fácil. Después del 11 de septiembre, cuando la rabia pasó la gente no sintió una oleada de compasión ni fueron muchos los que se saltaron la fase de cólera y rechazo. El camino de la paz enseña que ninguna acción es tan poderosa como las acciones del alma. No obstante, esta es una declaración teórica mientras no sepamos qué es el alma y cómo tener acceso a ella. Sólo entonces, podrá alcanzar todo su auténtico poder una acción aparentemente tan simple como depositar un voto.

Éstos son los atributos del alma según las religiones.

¿Qué es el alma?

El punto de vista religioso

El alma es una chispa de la divinidad.

Existe desde antes de nacer y continúa existiendo después de la muerte.

Está con Dios.

Dios ha puesto un alma dentro de cada persona.

Las almas son puras y no se afectan por asuntos terrenales.

Sentimos nuestra alma como fuente de emociones superiores y de ascenso espiritual.

El alma es sagrada en una forma en que la carne nunca podrá ser.

Un científico podría descartar esta visión porque ninguno de los puntos puede ser verificado utilizando pruebas objetivas. Y si el alma es absolutamente subjetiva o si existe en el terreno místico de la divinidad, está por fuera de todo interés científico. Por supuesto, el hecho de que la ciencia no pueda ver una cosa no es lo que la hace irreal. Nadie ha visto un neutrino pero esto no impide creer que existe. Como en toda forma de prejuicio, el prejuicio científico tiende a ser inflexible en cuanto a lo que acepta y a lo que rechaza.

Lo que el alma no es

El rechazo científico de una conciencia superior

La mente se puede explicar sin referencia a Dios.

Nadie sabe qué hay antes de nacer ni qué hay después

de la muerte. Lo único que podemos estudiar es la mente en el aquí y el ahora.

La mente está ubicada en el cerebro, no con Dios.

No hay pruebas de que haya dentro del cerebro nada distinto de una compleja actividad química y eléctrica.

Si se cambia el cerebro, la mente cambia al mismo tiempo. Ninguna parte del ser humano es intocable e inmaterial.

Las emociones superiores no son más que el predominio de ciertos neurotransmisores como la serotonina y la dopamina.

El cuerpo, en cuanto centro de toda la actividad química, crea la mente. El alma no podría ser nada diferente de un fenómeno físico.

El desacuerdo que subyace aquí es profundo. En términos simples, la persona religiosa cree que Dios está detrás de toda la creación material, mientras el científico afirma que la creación material funciona por sí misma sin necesidad de una ayuda externa. Como en la mayoría de las dicotomías, quien oye de pasada hablar de este tema siente que debe escoger una u otra posición, de ahí las divisiones que surgen alrededor de temas candentes como el aborto y la investigación en células madre. Las líneas se han trazado, no sobre la base de los hechos sino desde la perspectiva de una cosmovisión. Si uno sabe que el alma es divina, nunca se arriesgará a profanarla en la frialdad de un laboratorio (sin importar que la misma chispa de divinidad sea apagada todos los días en el campo de batalla). Si uno sabe que no existe realidad más allá de la realidad material, nunca tomará en serio la idea de que ningún acto no es sagrado (sin importar que la ciencia no haya sido capaz de explicar de dónde proviene la conciencia).

El camino de la paz afirma que nunca podremos acceder al poder del alma si nos movemos en esta dicotomía. El alma es una parte viva y dinámica de cada persona. Existe como conciencia y por lo tanto hay que encontrarla en el nivel de la conciencia. Todo lo que el cerebro experimenta es una manifestación del alma. El alma impregna nuestras células, pero no está por dentro ni por fuera de algo. Si usted quiere experimentar su alma, lo cual es perfectamente posible, tendrá que ir más allá de los niveles más superficiales de la emoción y de la personalidad. Este viaje es un viaje de conocimiento y poder. Al embarcarse en él, las acciones cotidianas no ocultan el alma sino que manifiestan su energía creativa. En otras palabras, al tocar el alma se modifica la realidad.

El camino de la paz es un viaje del alma para adquirir la habilidad de transformar la realidad. ¿Cómo convencer a alguien que no haya dado el primer paso? Imagino un gran violinista que se extravía en un país donde nunca se ha oído la música. Como su violín se perdió con el resto de su equipaje, los niños de este país le preguntan: "¿Qué es música? Nunca hemos oído hablar de tal cosa".

"Pues bien", les dice, "es la más hermosa experiencia del mundo".

"¿Es un sonido?" le preguntan los niños. "¿Es como el rugido del viento o el de un oso?"

"Sí", dice vacilando, "pero el sonido de la música se parece más al canto de los pájaros".

Entonces los niños comienzan a trinar como los pájaros y uno de ellos propone cazar uno para sacar la música de su cuerpo. A lo mejor podrían preparar una sopa de música para que todos comieran.

El violinista se alarma. "La música no está en pájaros. La música es un arte y proviene de la belleza misma".

Los niños se muestran desconcertados. "Muéstranos tu música", le dicen. Pero el violinista no tiene su instrumento y, desafortunadamente, aterrizó en un lugar donde Dios había prohibido cantar (como lo hizo en la Europa medieval). Por eso se desespera porque nadie sabrá nunca qué es la música.

El alma tiene su propia música que sólo puede percibirse a través de las palabras. No me refiero a epifanías religiosas, aunque sean muy reales. En la mayoría de las personas, el crecimiento de su nivel de conciencia no ocurre en forma de epifanía. Algunos pueden vivir una ruptura o un punto de quiebre en el que sienten que fueron tocados directamente por el espíritu. Pero para la mayoría, el nivel de conciencia crece y se hace más profundo poco a poco. El alma no es una cosa. Se parece más al arte, que crece y se hace más profundo cuanto más tiempo y esfuerzos se le dedican.

Lo que la ciencia no puede explicar, no lo ve. Esto incluye la belleza, la devoción, la fe, la inspiración, la nobleza, la compasión, la empatía, la suerte, la intuición y el amor mismo. ¿Realmente creemos que son ficciones o espejismos? De hecho, todo esto es lo que hace que valga la pena vivir la vida.

Me atrevo a afirmar que la visión que acabo de esbozar —que el alma es el origen de la conciencia— aparece en todas las tradiciones espirituales. El hecho de que sea distorsionada en la religiosidad popular y desechada por la ciencia es un asunto de política y no de prueba científica o filosófica. Los pensadores religiosos están obligados a aparentar que su área de ignorancia es trivial y lo mismo ocurre desde el lado científico. Sin embargo, las áreas de ignorancia son bastante grandes en ambos lados. Las personas religiosas evitan profundizar en el tema de la conciencia por miedo a que alguien las convenza de que su fe en lo que no ven es superstición o algo peor. El científico se niega a admitir su ignorancia acerca de la existencia de una realidad inmaterial por miedo a caer en un pensamiento irracional e impreciso.

El camino de la paz apunta al corazón mismo de la realidad. Nadie está obligado a tener una opinión determinada acerca del resultado, porque cada recorrido es único. El músico encuentra la esencia de la belleza y el científico, la esencia de la razón. La madre dedicada encuentra la esencia de la maternidad y el niño enfermo, la esencia de la compasión. Todo toma la forma de cada persona. No obstante, el viaje es también universal. Y como ha sido recorrido tantísimas veces a lo largo de los siglos, el camino hacia el alma ha mostrado ciertos elementos fundamentales.

Lo que es verdad para usted, es verdad para todos

Los fundamentos de la concientización

El conocimiento de sí mismo o de sí misma tiene profundidad.

Cuanto más se profundiza, más cambiará la realidad.

La realidad depende de su estado de conciencia.

A medida que el conocimiento de sí mismo o de sí misma es más profundo, adquiere más poder.

Este poder puede cambiar el mundo interior y exterior.

No existe nada sobre lo cual no influya dicho conocimiento.

Finalmente su estado de conocimiento y de conciencia crea todo lo que usted experimenta.

Leyendo esta lista, puedo imaginar que alguien diga: Bueno, si todo esto es verdad para todas las personas, también tiene que ser verdad para las personas religiosas y para los científicos. Por fortuna es así. Gentes de toda condición han dado pasos en el terreno de lo invisible. El nombre científico de este lugar es *quantum*, aunque sería más justo llamarlo "*quantum* con una diferencia". La diferencia es que los seres humanos —y no sólo los *quarks* y las cadenas de moléculas— tienen un lugar en el terreno de lo invisible.

Hace más de cien años se conoció el extraño comportamiento del mundo subatómico, cuando Einstein y su generación probaron que la realidad física no es lo que parece. Hoy en día el público sabe muy bien que el tiempo no es realmente una línea recta, que la materia no es realmente sólida, que los observadores modifican lo que observan y que la incertidumbre regula cualquier evento aparentemente determinado.

Los físicos se niegan a reservar este terreno para las partículas subatómicas, pero yo no veo la razón por la cual las advertencias de la ciencia deban ser consideradas como ley. Los físicos pueden saber de *quarks*, pero los seres humanos han experimentado un mundo mucho más amplio y extenso durante más tiempo y en este mundo encontramos indicios del alma. Habiendo experimentado estos indicios, pedimos que nos los expliquen. Quisiera ilustrarlo con el relato de Julián, un hombre de unos cincuenta años, que nos contó su vida mientras departíamos un día en casa de un amigo en común.

Julián viene de la zona rural de Texas y recibió una educación tradicional baptista. No se describe a sí mismo como un niño extraordinario, pero teniendo en cuenta lo que le pasó, me imagino que no era muy común y corriente. Cuando tenía un poco más de treinta años, el padre de Julián fue gravemente herido en un accidente de tránsito por un conductor borracho.

"Cuando lo volví a ver estaba en la unidad de cuidados intensivos", Julián recuerda. "Estaba conectado a una máquina y estaba inconsciente. Los médicos sacudieron la cabeza sin hacer ningún pronóstico, preparándonos para la posibilidad de que mi padre no saliera del estado de coma permanente. Yo lo visitaba todos los días y, en una de esas visitas, cuando los dos estábamos solos en la habitación, una extraña idea se me ocurrió. En realidad, era más que una idea.

"Yo sabía que si lo tocaba, mi padre recuperaría el estado de conciencia y se curaría. No sé de dónde vino la idea, porque yo no era sanador ni había estado interesado en curar. Probablemente por esta razón, sentí que iba a intercambiar mi vida por la suya y, en aquel momento, literalmente pensé que yo iba a morir para que él viviera.

"A pesar de esto, no vacilé. Puse mis manos en el pecho de mi padre y en ese instante se incorporó. Me miró y sus primeras palabras fueron: 'Te quiero, hijo'.

"Este fue el hecho decisivo que cambió mi vida. Nunca he curado a nadie más y a nadie le conté, ni siquiera a mi padre, lo que había pasado. Pero desde aquel momento seguí un camino diferente".

Julián comenzó a prestar atención a sueños y coincidencias. Buscaba pistas que le indicaran qué debía hacer con su vida. Una noche tuvo un sueño en el que se veía a sí mismo tomando a unos niños de la mano y, en el fondo, montañas cubiertas de nieve. Al día siguiente se le presentó la oportunidad de ir al Tíbet y, en su viaje, fundó un orfelinato. En otra ocasión, una visión lo condujo a realizar un trabajo humanitario en la India. El principio guía de su vida era prestar atención a los mensajes que provenían de algún lugar más profundo que la capa superficial de la personalidad y los impulsos del ego.

No volví a saber de Julián pero me parece que está viviendo el camino de la paz. No porque la paz siempre conduzca al trabajo humanitario o a una entrega altruista, pero si prestamos atención a los impulsos del alma, nos adentramos cada vez más en el corazón de la realidad. Nos acercamos, entonces, al taller donde se fabrica la realidad y, a medida que nos acercamos más, tenemos que reconocer que los únicos que fabricamos la realidad somos nosotros mismos.

Comencé por mi amigo Andrew, quien para ser más espiritual optó por no participar en política ni en la mayoría de asuntos mundanos. Espero que lea estas páginas porque lo que él está buscando no se encuentra únicamente retirándose del mundo. La concientización invade todos los ámbitos de la vida. Todas nuestras divisiones entre interior y exterior existen para que podamos entender dos mundos que parecen estar separados pero que se mezclan y, cuando esto ocurre, una persona deja de pensar en su propio cambio y asume la causa de un cambio universal.

¿Qué lleva consigo una persona que va a depositar su voto? Lleva sus convicciones políticas de derecha o de izquierda. Lleva su sentido de un deber cívico. Lleva sus emociones. Pero a un nivel más profundo, ¿no lleva también toda su vida? Si algo significa vivir el momento es que cada momento de la existencia es un punto que contiene todo. En forma misteriosa, actuar es expresar el universo y, como el centro de equilibrio del mundo que gira, cada acto está situado, a un mismo tiempo, dentro del tiempo y por fuera de él.

Las personas espirituales aspiran a estar en ambos lugares, ligadas al tiempo y eternas. En la India esto se suele expresar como "la lámpara en la puerta": El alma está, como en un umbral, entre los acontecimientos del diario vivir que ocurren en el tiempo y el trasfondo del absoluto, inalterable e infinito. La razón por la cual esto es importante es que si podemos vivir desde el nivel del alma, estamos haciendo algo muy especial. No importa las acciones que realicemos, lo importante es la concientización que aporta a la totalidad de la existencia humana, porque así es como la eternidad se expresa a sí misma, como una lámpara brillando a través de la ventana de la eternidad.

Grandes almas, como Buda o Jesús, no sólo fueron lámparas en la puerta, sino faros. Usted y yo podemos sentirnos inferiores a Buda y a Jesús, pero esta opinión es producto de nuestros egos. Espiritualmente, toda la luz que se manifiesta a través de un ser humano es igual, al menos en términos de calidad. ¿Por qué? Porque la luz es una metáfora del poder de la concientización. La conciencia de todas las personas proviene de la misma realidad oculta. Pero no importa que la historia lo recuerde o la recuerde a usted como un alma grande. En este momento usted está expresando la totalidad del universo a través de su conciencia. El plan cósmico, ya sea que lo llamemos divino o no, no nos necesita a usted ni a mí para llevarlo a plenitud. Sin embargo, el aporte suyo y el mío son únicos. Nadie puede hacerlo por nosotros porque en cada instante hacemos nuestra propia historia cósmica.

¿En qué se está convirtiendo el mundo y en qué nos estamos convirtiendo? Quisiera pensar que nos estamos convirtiendo en una nueva humanidad, pero puedo equivocarme. Mi voto no va a apresurar ni a retardar esta nueva humanidad. Lo que mi voto puede hacer es poner la conciencia en acción. No estoy diciendo que sea una virtud. No me considero por encima de esas personas espirituales bien intencionadas que practican disciplinas privadas y han escogido hacer caso omiso de todo aquello que es del César.

Yo estoy conectado con todo en el mundo. Esta consideración es la que me mueve a votar, no como un ciudadano cumplidor de su deber, no como un animal político, ni como un manojo de emociones a pesar de que sea todas estas cosas. Soy un hilo en el tejido de la conciencia y, cuando mi hilo tiembla, el universo se da cuenta. Votar es un acto de conciencia y, como tal, creo que los votos de personas espirituales son realmente más poderosos que los votos de gentes inconscientes. Su mano, al depositar el voto, está afectando al mundo tanto como la mano de Buda haciendo un signo de paz o la enseñanza de Jesús sobre el amor como una fuerza en el cosmos.

Ciegos de rabia… todavía

"No sé cuánto tiempo ha estado usted en Atlanta, pero muy seguramente no está muy enterado acerca de cómo es el sur de Estados Unidos".

Tenía razón este individuo que asistió a una conferencia una noche en Atlanta cuando criticó que yo hubiera dicho que las creencias de vieja data pueden cambiar. Mi ejemplo se refería al sur de Estados Unidos, donde la gente ya no es partidaria de la esclavitud ni de la guerra civil que ocasionó.

"No lo hemos olvidado, sólo hemos aprendido a portarnos mejor", dijo mi interlocutor. Yo lo miré, tratando de descubrir en su sonrisa qué era lo que me quería decir. ¿Estaba pisando un campo minado cuyas cargas fueron puestas hace ciento cincuenta años? Sabía lo suficiente como para reconocer que el sur de Estados Unidos es considerado como la región más belicosa del país y la que respalda todas las guerras, pues sus jóvenes constituyen la mayor proporción de los que son enviados a luchar. Por eso, tal vez, sus gentes enfurecen cuando se menciona un movimiento en favor de la paz.

"¿Entonces la palabra paz es una palabra beligerante en el sur?", le pregunté.

"Casi", respondió este hombre, mientras su sonrisa dejó de ser amistosa para ser irónica. "Usted tendría que vivir aquí para entender".

El tema de los resentimientos de vieja data es crucial en casi todas las guerras. La causa del conflicto actual está oculta en las hostilidades del pasado que, hace tiempo, deberían haber desaparecido. Sólo que no han desaparecido. La memoria mantiene vivas las viejas causas y, como ocurrió con la Guerra Civil, el lado resentido es siempre el que perdió la guerra. Me contaron en Atlanta que nadie había olvidado que, en 1864, el general William Tecumseh Sherman, obedeciendo órdenes de Abraham Lincoln para obligar al sur a ponerse de rodillas, incendió la ciudad en su infame marcha hacia el mar. Pero no había sobrevivientes de este hecho ni hijos de sobrevivientes. ¿Exactamente quién estaba recordando el hecho? ¿Los nietos de unos fantasmas?

La memoria mantiene inflamada la ira en las familias, en los países y en el mundo; por eso es preciso conocer cómo funciona este mecanismo si el camino de la paz ha de prevalecer. Piense en su propio pasado y busque un incidente que todavía despierte su ira, algo que le haga decirse a sí mismo o a sí misma: Yo tendría que haberlo superado. Pero todavía estoy ciego o ciega de rabia. Para la mayoría de la gente no es difícil encontrarlo. Es posible que usted haya sobrevivido a un divorcio o a una batalla por la custodia de los hijos. Cuando piensa en esto, ¿qué recuerdos afloran? ¿Cómo se relacionan y se enredan entre sí?

Algunos de los siguientes elementos están funcionando.

La química de la ira

El *fantasma del pasado*

No puedo recuperarme de lo que me hicieron.

No era justo.

Amor y confianza se convirtieron en palabras vacías.

Yo respondí con mis más bajos impulsos, pero la otra parte hizo lo mismo.

Los acontecimientos tomaron su propio rumbo.

Yo estaba ciego o ciega.

Mis decisiones fueron estúpidas porque tenía rabia y estaba ofendido u ofendida.

A nadie le importaba mi sufrimiento.

Querían humillarme.

Tenía miedo de perder el control.

Lo primero que esta lista plantea es que la ira no es simple. Tiene algo de humillación (pregúntele a alguien de un país que haya perdido una guerra), así como fantasías de venganza, terquedad, autocompasión y pérdida de control. Esto es verdad tanto en el caso de individuos como en el caso de naciones. Lo que la memoria mantiene vivo no es una sola emoción sino un complejo de experiencias enredadas. De manera que si de alguna manera usted es capaz de sobreponerse a un aspecto, sólo habrá desactivado uno de los ingredientes; muchos más permanecen activos, manteniendo en ebullición toda la química de la ira. Llama la atención que basta ver al ex esposo o ex esposa, oír su nombre o ver en el menú de un restaurante el plato que más le gustaba para revivirlo todo. ¿Cómo puede volver el pasado tan repentinamente después de tanto tiempo?

Según la forma como la mente funciona, sólo se necesita una fracción de un instante para resucitar el pasado. El todo está contenido en cada una de sus partes. Si todavía hoy estamos ciegos de rabia por hechos que ocurrieron años atrás, hemos dejado abierta la puerta a todo un sistema de recuerdos entrelazados. Las palabras clave son psicológicamente oscuras, pero se nos aplican a todos cuando nos persiguen los recuerdos:

sentimientos no resueltos
hechos cruciales
relaciones personales
ganar y perder
ganancias y pérdidas
un cambio no deseado

decisiones forzadas
remordimientos
deseos no realizados

Cualquiera de estos componentes puede reactivar todo el sistema, evocando un determinado cuadro de la realidad. Detengámonos en un asunto particularmente espinoso: las relaciones personales. Para muchas personas, basta una palabra, como madre o padre para desatar una *Gestalt* compleja y altamente emocional. De pronto, es como si tuviéramos cinco años y nos estuvieran dando una palmada por algo que hizo un hermano. De pronto es el día del matrimonio y la madre está actuando en forma fría y distante en lugar de alegrarse con nosotros. O, a lo mejor, no surge en la mente una imagen concreta sino que todas se agolpan produciéndonos un estado que nos hace sentir débiles, confundidos y molestos.

Un incidente trivial le despertó todo esto a una amiga mía. Algunos años antes de estallar el conflicto en Bosnia, viajó como turista a la costa dálmata de la antigua Yugoslavia. "Al mirar por la ventanilla del autobús, todo se veía viejo: calles empedradas e iglesias de piedra antiquísimas, ciudades que parecían haber brotado en forma natural de las rocas de la costa. Después de unos días, caí en una especie de delirio, imaginando que este lugar tendría que ser un remanso de paz. Pero una noche, cuando íbamos hacia un restaurante, la guía del *tour*, que era serbia, dijo en el micrófono del autobús: 'Por favor, no caminen solos por la calle. Acabo de ver a un albanés'.

"Mi esposo y yo nos miramos: ¿Albaneses? No nos inspiraban miedo y ni siquiera teníamos una opinión de ellos. Pero para nuestra guía, la palabra implicaba sospecha y miedo. Ella no se imaginaba que, para nosotros, era casi divertido que el tipo fuera albanés mientras para ella era algo "muy real". Poco tiempo después, el mundo vio en las cadenas de televisión la persecución étnica de albaneses en Kosovo: imágenes de refugiados que habían huido y de campamentos levantados en la frontera; narraciones de soldados serbios quemando y saqueando ciudades y granjas. La memoria desató la destrucción porque había una historia de vieja data que no se podía olvidar.

El mismo mecanismo que mantiene abierta una antigua rencilla étnica opera en nosotros como individuos. Nos hacemos un cuadro de la realidad que cierra las puertas a nueva información y nuevas experiencias. Permitimos que la ira coloree detalles inocentes de la vida, y nos quedamos atrapados en antiguas rabias hasta que se enconan. Detrás de la simple palabra *albaneses*, procesos ocultos estaban fraguándose, como lo comprobó el estallido de violencia.

El camino de la paz nos pide que no esperemos a que se produzcan estos estallidos. A pesar de que nuestro ego lucha por mantener intactos los recuerdos, la vida prefiere cambiar el cuadro en una forma dinámica. La química de la ira puede ser muy convincente, pero algo más fuerte nos atrae, a un mismo tiempo, hacia la sanación y el crecimiento, hacia integrar viejas heridas y nuevas experiencias.

La guerra hay que entenderla como una poderosa *Gestalt* cuya existencia está profundamente clavada dentro de nosotros. No obstante, el camino de la paz ofrece a la mente un nuevo cuadro que la satisface. Sus palabras clave son:

conexión
amor maduro
amor propio
fuerza interior
deseos realizados
realización
dar
inspiración
visión

En Estados Unidos, hoy en día, incluso un presidente partidario de la guerra tiene que mostrar al menos la apariencia de estas cualidades. En la superficie, la *Gestalt* de la guerra parece ser todopoderosa y, al llamar a la unidad nacional, a la defensa de la patria, a la beligerancia contra el enemigo y todos los demás valores que defienden los partidarios de la guerra, un político puede intimidar a quienes se le opongan, acusándolos de falta de patriotismo.

Pero la verdad es que esta estrategia ha perdido mucho de su poder. Un presidente partidario de la guerra ya no puede motivar a una nación recurriendo a valores que fueron venerados pero se pasaron de moda: conquista, expansión, gloria imperial y destino eran utilizados para justificar la violencia contra otro país. La guerra de Estados Unidos con España, en 1898, fue dinamizada por este tipo de retórica, como lo fueron las guerras contra los indios en el Oeste, siguiendo una tradición de conquista que, con pequeños cambios, había regido desde que Colón desembarcó cuatro siglos atrás.

La segunda guerra de Irak provocó la sospecha de que el deseo de conquista siguiera siendo la principal motivación para Estados Unidos. Pero lo que me parece estimulante es hasta qué punto el lenguaje de la paz se infiltró en esa guerra.

Conexión: El propósito formulado por Estados Unidos era introducir a los iraquíes en la comunidad de naciones libres, conectándolos con el mundo moderno para acabar con su aislamiento.

Amor maduro: El gobierno de Estados Unidos se declaró emocionalmente solidario con los habitantes de Irak partidarios de la libertad y de la democracia, a la vez que manifestó su compasión por las víctimas de un régimen represivo.

Amor propio: Los norteamericanos se sentían orgullosos y confiados por su identidad, y creían que todos los demás pueblos debían compartir este amor propio.

Fuerza interior: Los líderes estadounidenses declararon su intención de hacer lo correcto, manteniendo el curso aun cuando las circunstancias externas se volvieran contra su pueblo.

Logro: Derribar el régimen de Saddam Hussein, a cualquier costo, se consideró como un logro histórico por los planificadores de la guerra.

Entrega: Estados Unidos entendió que había que sacrificar vidas y caudales con un fin altruista.

Inspiración: Se creyó que llevando la democracia al Oriente Medio se introduciría el cambio político en toda la región.

Visión: La visión última detrás de la guerra era democracia y libertad para todos los pueblos del mundo.

Me llama la atención que los valores que pertenecen al camino de la paz sirvan para el propósito de la guerra, pero así es la ambigüedad de nuestros días. Un líder estadounidense tiene que proponer una visión de unidad nacional basada en la bondad, a pesar de que esta bondad pueda producir pérdidas de vidas y de que esta unidad incite a una gran parte de la población a sentir rabia. No creo que esté condonando la guerra. El camino de la paz no pasa por la guerra, pero en una época de transición, es fácil darnos cuenta de la forma como todos luchamos para mantener unidos dos cuadros que se contraponen: nos portamos bien cuando matamos a los ciudadanos a quienes liberamos; nos portamos bien porque reconstruimos los suministros de electricidad y agua que destruimos.

La lógica de Orwell no puede durar para siempre. Con el tiempo, la "jerarquía enredada" tiene que cambiar y llegaremos a aceptar un cuadro de paz como algo natural, correcto y políticamente sólido. Yo creo que los norteamericanos, en su mayoría, no pueden saber cómo es la guerra y vivir tranquilos. Éste es uno de los síntomas de cambio en la visión del mundo.

El mundo no tiene otro sentido diferente al que los seres humanos le damos. Ésta es una de las leyes del espíritu que se adapta a las leyes de la biología. El cerebro tiene que enfrentarse todos los días con el mismo reto: cómo organizar y entender los cuatro mil millones de datos sensoriales que lo bombardean cada minuto. La mente no va armando la realidad pieza por pieza, como un rompecabezas y buscando lo que falta entre un montón de piezas revueltas, sino que primero se hace una imagen de la realidad y todo se organiza según el significado que le cuadra a esa imagen.

Si usted ondea la bandera de los Estados Confederados en el centro de Atlanta (o la bandera de los nazis en el centro de Berlín o un retrato de Zapata en el centro de Ciudad de México) la gente reacciona según una vieja historia que, para las personas, sigue estando viva. Pero el símbolo cambia a medida que nuevos ojos lo contemplen y nuevas personas respondan desde futuras historias de vida.

El futuro tiene vida propia porque los seres humanos son el misterio que guardan en su corazón. El factor X está dentro de nosotros y, si queremos, podemos orientar este misterio con la voluntad. Toda la operación se realiza en el interior del cerebro y una vez que podamos entender un poco más las operaciones fundamentales como memoria, voluntad, inteligencia e intención, la paz mundial estará más cerca. Piense en algo que en determinado momento le hizo sentir ira (o humillación o miedo) pero que casi no lo recuerda. ¿Qué hizo que lo olvidara?

La química del cambio

Liberarse de los malos recuerdos

Encontré nuevas formas de ser feliz.

Aprendí a perdonar.

Dejé de contemplar mis antiguas heridas.

Dejé de depender de otra persona para resolver mis problemas.

Adquirí una nueva visión.

Tomé en serio la visión.

Descubrí un sentido más profundo acerca de quién soy.

Tengo un sentido más amplio de quién soy.

La diferencia entre un recuerdo obsesivo y uno que se desvanece con el tiempo es que cuando el recuerdo se convierte en parte de nuestra identidad, es muy difícil de olvidar, mientras que si no se convierte en parte de nuestra identidad, es fácil de olvidar. La guerra y violencia se han convertido en parte de nuestra identidad. Admitirlo es muy importante, porque indica que los demás pasos son urgentes. La alternativa es permanecer atrapados en los recuerdos que la guerra nos ha obligado a aceptar. La guerra no es algo que viven otras personas en lugares distantes sino una extensión de nuestros sentimientos y recuerdos personales que se entrelazan en el aquí y el ahora:

Encontrar nuevas formas de ser feliz

Las personas que no son felices se sienten confundidas cuando les dicen que traten de ser felices. Su mente está llena de resentimientos que no dejan lugar a nuevas experiencias constructivas, que, si se presentaran, las verían a través del lente de su propia miseria. Por eso no pueden ir en búsqueda de experiencias de felicidad que están disponibles en abundancia. La búsqueda tiene que ser desde una apertura que permita a la felicidad convertirse en experiencia. Esta apertura se produce de manera muy diferente de la manera como muchas personas tratan de encontrar felicidad ocultando sus sentimientos tristes, dándoles la espalda o pretendiendo que no existen.

Si usted tiene un armario lleno de cosas, la mejor forma de abrir espacio para guardar cosas nuevas es limpiarlo.

En este caso, el armario es el sistema nervioso y la limpieza se realiza en el nivel de la conciencia.

El proceso de sanación no es místico; involucra una serie de pasos de tipo práctico que son bien conocidos.

Enfrente directamente lo que le está haciendo daño.

Comunique su deseo de liberarse de esta herida.

Acuda a un consejero espiritual para que le diga qué debe hacer.

Preste atención a lo que siente, pero no se deje llevar.

Tenga la seguridad de que puede eliminar viejas heridas.

Sea paciente, porque muchas veces tendrá que volver sobre las viejas heridas.

La mayoría de las personas se sienten atrapadas en sus resentimientos porque no siguen estos pasos: no enfrentan directamente lo que les está haciendo daño sino que le echan la culpa a alguien; no manifiestan su deseo de desembarazarse de su rabia sino que la siguen alimentando; en lugar de prestar atención a lo que sienten en el momento, repiten las mismas reacciones del pasado y, en lugar de ser pacientes, aplican algunos paliativos a su herida para llegar a la conclusión de que no hay nada qué hacer.

Las naciones hacen lo mismo y éste es el motivo por el cual las negociaciones de paz suelen fracasar: Nadie sigue los pasos de la sanación que podrían lograr el propósito. El proceso que acabo de describir funciona tanto para las naciones como para las personas que tienen rabia. Cien años de psicoterapia demuestran que el mecanismo de sanación es real y que sólo hace falta ponerlo en práctica.

Aprender a perdonar

El énfasis está en la palabra aprender. La razón por la cual la gente no puede perdonar es que su ira ha dejado un profundo surco en su mente y, como el agua que busca por dónde fluir, la mente encuentra este surco tan fácilmente que no es posible que se formen nuevos canales de sentimiento. El perdón es un sentimiento, pero estamos acostumbrados a considerarlo como deber moral o como signo de madurez. Pero aunque estas dos cosas son ciertas, si no vivimos la experiencia de perdonar, nada habremos conseguido.

La clave es aprender a formar un nuevo surco para nuestros sentimientos. Una vez más, los pasos no son de carácter místico. Realizando las siguientes acciones, es posible perdonar a quien nos haya hecho algún daño:

Escoja la intención para perdonar, a pesar de que sus sentimientos sigan estando heridos.

Tenga la intención de permitir la presencia de nuevos sentimientos.

Estimule el más mínimo asomo de un nuevo sentimiento.

Experimente la antigua herida y la antigua rabia, pero dígase siempre: éste o ésta no soy yo. Esto ya no es lo que quiero.

Siga cuestionando la antigua herida con razones por las que deba ser reemplazada.

Sea paciente y permítase a sí mismo o a sí misma experimentar los antiguos y los nuevos sentimientos hasta que los antiguos comiencen a borrarse.

Este proceso es muy similar al que describí para ser feliz cuando nos sentimos abrumados por la desgracia. En ambos casos se trabaja consigo mismo, privadamente pero sin estar solo. La infelicidad es solitaria mientras que la sanación no lo es, porque la rabia y la herida dependen únicamente de la historia personal. Determinadas personas fueron las que dieron origen al recuerdo que nos atormenta.

La sanación es superior a la personalidad. Cuando alguien se corta, no decimos: *tal vez se le cure la herida, ¿quién sabe? Todo depende de la clase de persona que sea.* La herida se cura independientemente de quién la sufra. La sanación psicológica funciona de la misma manera. No hace falta ser amable, bondadoso o bondadosa, inteligente o merecerlo. Sin embargo, en el fondo creemos muchas veces que tenemos que seguir sufriendo porque nos lo merecemos, o porque no somos suficientemente amables, suficientemente bondadosos o bondadosas y suficientemente inteligentes para cambiar.

La gran diferencia entre curar una herida física y sanar la mente es que en este último procedimiento tenemos que participar. Pero la diferencia no es tan grande una vez que el proceso se inicia. En el nivel del alma se encuentra todo un mecanismo de sanación tan efectivo como el sistema inmunológico del cuerpo. Si se tiene la intención de sanar, se le da permiso para entrar a una nueva energía que elimina los obstáculos, como le pasó a mi amiga Jean.

Jean creció en una familia militar, con un padre que exigía disciplina a todos sus hijos, incluso a ella que era la única hija mujer. Rodeada de cuatro hermanos, Jean se consideraba uno de los soldados, que era como al padre le gustaba llamar a sus hijos. Jean gravitaba alrededor de su madre, algo que era muy conveniente, pero al llegar a la adolescencia descubrió que tenía dificultades con sus novios.

"Me sentía profundamente insegura y cometía el error de enamorarme de cualquier chico que manifestara el más mínimo indicio de que yo le pudiera gustar. Me rebelé contra mis padres llegando tarde, lo cual no resulta sorprendente teniendo en cuenta las estrictas normas de mi padre. Pero también era imprudente en la actividad sexual y las cosas terminaron en un aborto a los diecisiete años. Mi madre se sintió profundamente avergonzada y ambas acordamos ocultarle el aborto a mi padre.

"Después de diez años y de un divorcio, pude enfrentarme a lo que me estaba pasando. La ira contra mi padre era evidente. Rara vez hablábamos; yo guardaba mi distancia y como él nunca había estado disponible, esto le parecía bien. Mi madre no ayudaba y mis propios sentimientos de rabia, que me parecían correctos y justificables, me decían a toda hora: *¿Para qué cambiar? Él se lo merece.*

"Por alguna razón, este argumento dejó de ser válido después de veintisiete años. No puedo decir exactamente dónde se produjo el punto de quiebre. Simplemente descubrí que la única persona a quien mi sufrimiento hacía daño era a mí. De allí en adelante no fue fácil. Tuve que enfrentar mis propias heridas, recurriendo a cualquier cantidad de amigos y psicoterapeutas. Necesité diez años, pero yo sabía que nunca estaría en paz mientras no le hiciera frente a estos demonios.

"Todavía no ha llegado el día en el que al levantarme de la cama haya podido decir: *Por fin lo superé.* Pero poco a poco mi mundo mejoró. A medida que me fui liberando de cada demonio, la gente se relacionaba más fácilmente conmigo. Estaba más abierta y menos como un cactus que no se puede tocar. Mi mente comenzó a ver un mundo menos amenazador y sentí que las personas me apreciaban. Ninguna de estas cosas tenía relación con mi padre. Pero cuando mi madre me llamó para contarme que a mi padre le habían hecho una biopsia porque el médico sospechaba que pudiera tener un cáncer de próstata, apenas colgué el teléfono me puse a llorar. Y lloré por él en lugar de llorar por mí. Yo no sabía que ésta era la forma de experimentar el perdón, pero señaló mi liberación del pasado y el comienzo de una nueva vida".

No quedarse contemplando antiguas heridas

Las heridas gritan para pedir atención. Si son físicas, gritan de dolor físico. Si son psicológicas, gritan con angustia mental. Durante el proceso de sanación el dolor se instala durante todo el tiempo que sea necesario. No obstante, hay una diferencia entre sentir el dolor y quedarse en él. Todos conocemos personas que recurren a cualquier excusa para llamar la atención, incluso como una fijación en su aflicción. El peligro es que si nos identificamos con nuestra herida, la utilizamos como tarjeta de presentación, y creemos que nos hace más simpáticos, y todos estos factores retrasan la sanación.

Uno de los aspectos más traicioneros de la ira es que es mucho más fácil de sentir que cualquier otra emoción. No me refiero únicamente a emociones positivas, como la compasión, sino a las negativas, como el miedo, la ansiedad, la incertidumbre y la duda de la propia capacidad. La ira tiene, además, aceptación social. Los atletas, por ejemplo, la utilizan para motivarse y algunas veces una victoria de fútbol parece más una batalla ganada que el resultado de un juego.

El camino de la paz nos pide que hagamos una clara distinción. Hace falta tomar conciencia de nuestra herida y prestarle atención sin que se convierta en una fijación. Puede ser difícil establecer la distinción. Siempre habrá momentos en los que no sepamos si al expresarla estamos desembarazándonos de la herida o sólo desahogándonos. La diferencia tiene que ver con la intención. Si desahogamos la ira con el fin de compartir sentimientos nocivos, el resultado no tendrá nada que ver con la sanación. La ira es un arma. Pero si liberamos la ira de la misma manera como botamos una piedra que tenemos en el zapato, la intención clara es conseguir la sanación. Una vez que la ira comienza a salir, las dos alternativas pueden sentirse de la misma manera. La ira es la ira. Pero si tenemos la intención de buscar la sanación, dos cosas ocurrirán: nos sentiremos en paz después de haber liberado la ira y sentiremos que ha comenzado a cambiar la antigua creencia fija acerca de los enemigos y de la injusticia.

No seguir dependiendo de los demás

Las heridas nos aíslan. Cuando la persona sufre, sufre en privado, no importa qué tan cerca esté otra persona. Algunas personas reaccionan a este aislamiento volviéndose todavía más solitarias: alimentan sus resentimientos en silencio, se sienten más fuertes si los enfrentan solas. Otras personas reaccionan al contrario, involucrando el mayor número posible de personas en su sufrimiento.

Ambas tácticas van en contra de la primera ley de sanación, que consiste en que la sanación debe producirse en el interior de uno mismo, lo cual no es lo mismo que enfrentarse uno solo. Ésta es la interpretación del ego y, al profundizar, encontraremos que lo que realmente se está desarrollando es una resistencia. El ego está diciendo: *Yo no merezco que me hubiera pasado esto. Me voy a quedar esperando que alguien se dé cuenta y se apiade de mí.*

Todos tenemos reacciones del ego que hay que superar. Al tomarlas por lo que son, como energías temporales que bloquean el verdadero yo, comprenderemos que poniendo en acción el verdadero yo —el alma, la conciencia superior, el conocimiento profundo— podemos comenzar a hacer a un lado estos obstáculos. Y al acceder al verdadero yo, aunque sea sólo parcialmente, volveremos a sentirnos conectados.

Otras personas pueden servir de consuelo y de ayuda. Al volvernos a conectar con nosotros mismos, automáticamente nos volvemos a conectar con otras personas porque ellas son el reflejo de nosotros mismos. Pero depender de los demás para solucionar nuestros problemas nunca funciona porque, a pesar de que nos sintamos conectados con ellos, lo que está conectando es un ego con otros egos. Y la sanación no tiene lugar en el nivel del ego, no importa la simpatía que nos rodea ni cuántas personas nos digan que tenemos la razón, porque no hemos retirado los bloques que impiden que una nueva vida entre para sanarnos.

Los dueños de esclavos de la región del sur de Estados Unidos tenían amigos que convenían con el trato que se daba a los esclavos y con ellos hablaban de la dificultad para que obedecieran órdenes o se quejaban de que trataran de escapar y de rebelarse. Pero el hecho de que todos los que participan en un sistema social estén de acuerdo no significa que las acciones sean correctas; en este caso, el hecho de que un dueño de esclavos creyera que podía ser dueño de otro ser humano era una forma de profunda ignorancia acerca de la realidad. En las actuales circunstancias, es fácil encontrar un grupo que esté totalmente de acuerdo en que la guerra es correcta, que el enemigo es malo, que los soldados tienen la responsabilidad de mantener la paz y deben ser apoyados a cualquier costo. El camino de la paz no ataca esta mentalidad, pero tampoco huye de la verdad que hace falta sanar en el interior de cada persona.

Adquirir una nueva visión

La cantidad de información en que estamos inmersos nos permite disponer de muchas formas nuevas de mirar las cosas. En cualquier ciudad de Estados Unidos es posible ir a una biblioteca o a una librería para estudiar el budismo tibetano, el sufismo, el cristianismo esotérico o las enseñanzas de innumerables sabios y santos.

¿Cómo, entonces, lograr una forma de ver las cosas que no sea simplemente un entusiasmo momentáneo? Uno se apropia de la visión cuando puede verse a sí mismo o a sí misma en ella. Lo cual no significa verse como un producto acabado. Una visión no tiene que ver con el futuro. Tiene que ver con tomar lo que es propiamente nuestro aquí y ahora. Por eso, si todos los días no se produce una transformación, la visión no es más que un ideal que asoma en el horizonte.

Pero si nuestra visión nos mantiene en movimiento, entonces es una visión verdadera. Para mí, el camino de la paz es verdadero porque todos los días me encuentro en proceso de cambio. Desafortunadamente, muchas personas escogen una visión que les garantice que nunca las va a poner a prueba o a motivar al cambio. Las religiones son particularmente susceptibles al respecto porque se puede estar entre los fieles, pero se sabe a quién se debe odiar, quién da culto a Dios en forma equivocada, quién es pecador y no merece compasión.

Una visión que obliga a tomar determinado partido no es una visión. No puedo decirlo más francamente. Si usted tropieza con un sistema espiritual que le resulte atractivo, pero después de un tiempo se siente molesto y limitado, se da cuenta de que todo el sistema se reduce a pertenecer a un grupo cerrado y le proponen orientar su vida en un sentido que es correcto en lugar de en un sentido equivocado; todos estos son síntomas que le indican que debe salirse. Una auténtica visión nunca exige hacer lo correcto, nunca condena a los que no pertenecen al mismo grupo por su ignorancia y su pecado. Nuestro ego sabe cómo hacer bien estas cosas y no necesitamos una visión espiritual para justificar los hábitos que deberían cambiar.

Descubrir un sentido más profundo de sí mismo o de sí misma

En todo momento el lenguaje nos pone pequeñas trampas. Una de ellas nos atrapa cuando empleamos palabras como el *yo superior*, el *yo profundo* o el *yo verdadero*. Parecen frases inocentes e, incluso, útiles, pero sólo hay un yo y es el que cada persona está experimentando en este momento. No podemos salir del escenario para ir a un lugar más arriba, más profundo o más verdadero dónde encontrar otro yo. Todo lo que le pueda pasar al yo aparece en la pantalla de la mente de la misma manera que aparece el querer una hamburguesa, recordar un nombre o imaginar una playa. La "película" que aparece en la pantalla está llena de pensamientos, sentimientos, esperanzas, sueños, fantasías e impulsos de todo tipo.

Pero detrás de la pantalla hay algo más y es allí donde ocurre la transformación.

La pantalla es bidimensional, ya sea que lo que proyectemos sea una mala caricatura o el cuadro más importante de la historia del arte. Y, sin embargo, el cuadro sugiere una tercera dimensión al hacernos sentir que hemos sido tocados por la belleza, por la genialidad, por la inspiración, por la nobleza, por Dios.

Estos sentimientos que se cuelan a través de las limitaciones de la pantalla mental también se están colando a través de los acontecimientos de la vida diaria. Es como si lo que se encuentra detrás de la pantalla pretendiera atraer nuestra atención y la única forma de hacerlo fuera colándose a través de la realidad física. Para crecer espiritualmente, no hay que comenzar con una buena autoimagen, pero sí es necesario tener una que sea porosa para que el espíritu pueda impregnarla. Tiene que ser suficientemente flexible para permitirnos saber cuándo hemos sido tocados por la belleza y la verdad. Si nuestra propia imagen es inflexible, poco importa que sea buena o mala. La presunción y la propia importancia son tan impermeables al espíritu como la vergüenza y el miedo. Todos hemos sido tocados por algún sentimiento rastrero y no nos ha conmovido una obra de arte. No es la verdad de lo que vemos sino la verdad de cómo lo vemos. El secreto yace en el acto de percibir. Ser conmovido por un niño que está en dificultad puede poner fin a la violencia si la persona adecuada es quien ve al niño, mientras que toda la vida viendo asesinatos en televisión no es suficiente para poner fin a un solo acto de violencia si quien lo percibe está desconectado.

La clave es la intencionalidad de querer ser conmovido una y otra vez. Conozco gente que al salir de una película comenta, "No me gustaron los personajes. Todo el asunto me acongojó. No necesito pagar para sentirme mal". Pero en el público también puede haber alguien que se sienta conmovido y, mientras exista esta capacidad, la propia conexión con el espíritu se estará fortaleciendo. La única gente que me preocupa es la que dice, "Yo ya sé lo que sé. No necesito verlo nuevamente. ¿Qué más hay de nuevo?" Parecen inmunes a la profundidad de la vida y sólo pueden acceder a imágenes planas que revolotean sin sentirse en la pantalla de la mente.

Tener un más amplio sentido de sí mismo o de sí misma

Cualquier nueva identidad que encontremos en el camino de la vida se transformará en otra identidad a medida que avanzamos. Todas estas identidades pueden ser saludables, pero es innegable que crecer de una identidad a la siguiente implica destrucción. Los hábitos del antiguo yo tienen que dar paso a los hábitos del nuevo yo.

La naturaleza administra este acto de destrucción con el menor dolor posible. Si pensamos en lo que ocurre cuando un niño o una niña de dos años se vuelve de tres años, nos encontramos ante una forma de transformación que es la más natural y que no causa dolor. ¿Qué hace la naturaleza? Piense en usted mismo o en usted misma como un niño que está creciendo. El proceso es tan sutil que prácticamente nadie se da cuenta de él.

La naturaleza nos permite ser lo que somos.

No nos ha agobiado proyectándonos prematuramente en el futuro.

No nos retuvo en el pasado.

Nos dio nuevos deseos.

Estos nuevos deseos nos condujeron en la dirección correcta.

Si podemos evolucionar espiritualmente de esta manera, hemos encontrado el sendero de la verdad, independientemente del maestro o sistema de creencias que escojamos. De niños, usted y yo no teníamos conciencia del misterio del cambio. Hacíamos las cosas propias de un niño de dos años y, cuando llegó la hora de convertirnos en un niño de tres años, surgieron nuevos deseos. Como padres nos sentimos maravillados ante esta metamorfosis pero no la aplicamos a nosotros mismos. Urdimos, al contrario, la trama de un cambio motivado porque aborrecemos lo malo que hay en nosotros, nos sentimos inseguros e inadecuados, queriendo cualquier cosa menos aquello que nos conviene.

Si tropezamos con un maestro o guía espiritual que refuerce estos sentimientos negativos, me temo que estamos moviéndonos en la dirección equivocada. Comprendo que hay disciplinas espirituales que son duras y exigentes:

pasar la noche durmiendo en el piso, luchar a muerte contra el ego, negar el yo inferior y todos sus impulsos pecaminosos. Pero el camino de la paz no es tan exigente. Su disciplina consiste simplemente en constancia, paciencia y confianza renovada en lo que es real como opuesto a lo que es engañoso.

La realidad es que cada uno de nosotros podemos ser un faro de concientización. Cualquier error que hayamos podido cometer acerca de quiénes somos es pasajero. La verdadera identidad ha permanecido intacta: nunca hemos pecado contra ella ni la hemos afectado en forma alguna excepto al perder contacto con ella. El problema de cada persona es únicamente la separación. De manera que cualquiera que sea la senda para el cambio, debemos tener claro que no hay un yo que se pueda cambiar sino máscaras que usamos por un momento, para luego deshacernos de ellas. Si usted se aprecia a sí mismo o a sí misma, incluso al quitarse su máscara favorita, está viviendo perfectamente en el camino de la paz.

¿Por qué Dios quiere la guerra?

Hoy me agobia un sentimiento de frustración. Acabo de participar en un debate con cuatro líderes religiosos en el programa de televisión *Larry King Live*, pero no pude ver sus caras porque ellos estaban en Estados Unidos mientras yo me encontraba en un estudio de televisión en Quito, Ecuador. Un buen lugar para no creer en lo que me tocó oír.

"Nunca habrá paz en la tierra hasta que regrese el Príncipe de Paz", dijo en mi audífono una voz. Era un baptista del sur de Estados Unidos. "Todos somos pecadores. Dios lo sabe y nos lo ha revelado. No puede haber paz cuando todo el mundo es pecador". El baptista tenía mucho más que decir acerca del pecado. Yo me retorcí y esperé.

La siguiente voz sonaba como un avispón: "Es absurdo echarle a la religión la culpa de la guerra. Las guerras religiosas han matado mucha menos gente de la que mataron asesinos sin Dios como Hitler y Stalin. Necesitamos la religión para no estarnos matando los unos a los otros todo el tiempo". Era el anfitrión de un *talk show* judío de radio. Me volví a retorcer. *¿Qué estamos haciendo aquí, discutiendo si las masacres son aceptables?* Yo hice referencia a la responsabilidad de la religión en las guerras a lo largo de la historia: ¿Hitler no mencionaba a Dios con cierta frecuencia?

Otra voz intervino: "No, no. Sin religión el mundo sería mucho peor. Dios nos recuerda que nos amemos los unos a los otros: padres y madres, esposos y esposas". Era el bondadoso sacerdote católico. El discurso del baptista acerca del pecado debió calarle y quería estar seguro de que todos oyéramos hablar del amor de Cristo, pero daba pena lo cansado que parecía, como a sabiendas de que la propuesta del amor no iba a funcionar.

Las voces siguieron oyéndose y yo no tenía más remedio que seguirme retorciendo porque después de cinco minutos comprendí que ninguno de ellos iba a ofrecer un camino para acabar con la guerra. Era deprimente. Participaban en el programa por una razón: gritar, murmurar, debatir, convencer, arengar y proclamar que su religión era mejor que la de los demás. El musulmán, que era el que menos hablaba (sabía, desde el principio, que estaba derrotado), tuvo que practicar la paciencia mientras los otros se expresaban despectivamente de su religión que supuestamente defiende la guerra. Pero no lo hicieron sentir menos, porque estaba tan seguro de la superioridad del islam como ellos lo estaban, cada uno, de su equipo local.

La última palabra la tuvo el judío del *talk show* que, en un derroche de camaradería, dijo, "¿Ven ustedes? Estados

Unidos es el único lugar donde podemos sentarnos a conversar como amigos, a pesar de que todos pertenecemos a diferentes religiones". ¿Realmente? Probablemente pensaba que la policía nos habría dispersado en Suecia u Holanda o en cualquier otro hervidero de intolerancia.

Pero el programa terminó y la chica sonriente del canal de televisión de Quito me retiró el audífono. Mañana daré otra conferencia en otro país. Es hora de irme a dormir y me pierdo en la tibia noche ecuatorial. ¿Por qué preocuparme de nuestro miniconcilio religioso? No parece que Dios vaya a pronunciarse contra los conflictos violentos de aquí abajo.

Parte de la angustia de la guerra proviene del total fracaso de la religión para acabar con ella. Toda religión enseña que matar es malo, que no se puede amar a Dios sin amar a los seres humanos. La religión existe para que caigamos en la cuenta de nuestra violencia y de nuestra codicia y luchemos contra ellas. Como alguien lo expresó muy hermosamente: la religión pone una semilla en nuestras heridas abiertas y de esta semilla crecerá un árbol de paz.

Lo cual hace aun más grave que la religión no lo haga. En el momento actual, la religión ha muerto para millones de hombres y mujeres. Van a la iglesia porque sus ritos son consoladores o porque es lo correcto, pero hace mucho tiempo que llegaron a la conclusión, como cualquier persona sensible puede hacerlo, de que las iglesias hacen poco o nada para poner fin al problema de la guerra. Dios mismo parece no interesarse en nuestro sufrimiento. Ha sido reducido a un lejano y envejecido abuelo que se retuerce las manos sin intervenir mientras sus hijos se matan unos a otros. En la polémica película dirigida por Michael Moore, *Fahrenheit 9/11*, la escena más impactante tiene como protagonista a una madre en Flint, Michigan, que al principio aparece como partidaria de la guerra de Irak.

Este respaldo no se basa en animadversión hacia los árabes sino en el sentido de la moralidad. Ella representa la clase trabajadora de una ciudad como Flint, bastión de gentes trabajadoras, que siempre hacen lo correcto cuando se trata de patriotismo. En sus ojos se ven sus convicciones: es creyente, republicana, conservadora y defensora de los valores familiares. Por un lamentable capricho del destino, es una de tantas madres que perdió a su hijo, ese hijo del que se había sentido orgullosa de enviar a la guerra, le fue arrebatado. Cuando vuelve a aparecer en escena, su dolor ha destruido todas las convicciones que la habían movido a defender la guerra.

Dejó de profesar aquel patriotismo al descubrir como mentiras y engaño eran las razones de la invasión a Irak. Esta madre sufre intensamente a causa del cruel destino que le arrebató la vida a un inocente y a causa de ese acto innatural de una madre enterrando a su hijo cuando debería ser al contrario. Finalmente, la vemos en Washington, D.C., con la esperanza de que una visita a la Casa Blanca pudiera devolverle la fuerza o, al menos, darle un consuelo pero lo que encuentra es lo contrario. Y al ver la Casa Blanca se derrumba de dolor, murmurando estas conmovedoras palabras, "No creí que fuera tan duro".

Reflexionemos acerca de lo que la religión le ha hecho a una persona como ella. La convenció de que la autoridad siempre tiene la razón y que el deber de cualquier persona es obedecer sin preguntas o dudas. Le ha enseñado que quienes protestan contra la autoridad son malos y se equivocan (explícitamente menciona su repugnancia hacia el movimiento en contra de la guerra). Le ha enseñado que Dios está de parte de la guerra cuando es buena, que es el único tipo de guerra en que Estados Unidos participa.

¿Y qué no le enseñó? La religión no le enseñó cómo enfrentar el lado oscuro de la naturaleza humana para poderlo transformar. No le enseñó a pensar por sí misma en cuestiones espirituales. No le enseñó a perdonar y a tolerar a los enemigos potenciales. Sobre todo, no le enseñó cuál es la verdadera naturaleza de Dios, porque la religión traiciona la verdad cuando presenta un Dios autoritario y sanguinario.

Alguien podría decir que no conozco a esta mujer y que nunca he ido a su iglesia. Sin embargo no es difícil leer entre líneas que el estado de profundo dolor y confusión en que esta madre cayó se debe a que la religión le falló. La religión ha puesto a Dios del lado de la guerra por las siguientes razones:

Por qué Dios es partidario de la guerra

La verdad debe ser defendida.

Los actos que no son santos son contra Dios y deben ser castigados.

La herejía es un crimen que los verdaderos creyentes deben desagraviar.

La venganza es parte de la naturaleza de Dios.

Algunas veces un mal menor es necesario para derrotar a un mal mayor.

Los seres humanos tenemos que luchar para encontrar a Dios, incluso hasta el punto de ir a la guerra.

Dios no interfiere en los asuntos humanos y no ha dado señal alguna de que se opone a la guerra.

Siglos atrás, en una edad de la fe, todas estas razones habrían tenido sentido pero ahora resultan perturbadoras y falsas. ¿Qué persona sensible podría matar a otra para que los herejes y los infieles no puedan triunfar? ¿Es realmente creíble que Dios pueda calificar a un lado como totalmente malo, haciendo creer a lo fieles que están del lado que no tiene pecado? Leer el pensamiento de Dios es un acto de arrogancia, un espejismo del ego. El hecho evidente de que Dios no se mete en los asuntos humanos hace imposible afirmar que está a favor de la guerra. Dios no se mete, porque en los asuntos humanos la responsabilidad es nuestra.

Dios trasciende la guerra. La divinidad nos permite lanzarnos a la guerra por nuestra cuenta, lo que para quienes quieren la guerra es indicio de aprobación tácita.

El argumento de que la guerra es parte de una batalla espiritual de mayores dimensiones es menos usual. Lo he oído defender en términos fatalistas, como prueba de la universalidad del pecado y causa de la violencia. Al nacer pecadores, estamos condenados a luchar hasta alcanzar la redención final. Pero el mismo argumento se puede encontrar en una versión de la Nueva Era. Algunos maestros espirituales describen el camino hacia la iluminación como una especie de batalla interior. Cada ruptura se logra luchando contra obstáculos que han sido lanzados por el karma o por el ego, tal como le oí decir una vez a un maestro, "Su ego no renunciará mientras usted no acabe con él".

Pero pienso que la razón por la cual la mayoría de los que creen en Dios quieren ir a la guerra es para evitar el mal. Éste es el argumento menos malvado y encontré el modelo perfecto en la Segunda Guerra Mundial, una guerra que siempre ha sido considerada buena porque habría sido un mal peor permitir a los nazis lograr la solución final que planeaban. El pacifismo fue considerado criminal durante la guerra y algunos moralistas argumentaban que ser pacifista equivalía a ser asesino, porque si no se lucha contra la masacre se la está apoyando. Las guerras buenas, sin embargo, no son una excusa aceptable para que la guerra no se acabe. Las muertes de millones de judíos se produjeron después de dos décadas de declarado antisemitismo por parte de Hitler. El concepto de que la guerra es buena es propuesto por el agresor, porque si el perdedor hubiera ganado, con seguridad habría declarado que estaba haciendo la voluntad de Dios.

Para todos estos argumentos que consideran que Dios es partidario de la guerra, hay otros tantos argumentos en contra que resultan igualmente convincentes y tienen gran peso espiritual.

Por qué Dios es enemigo de la guerra

La naturaleza de Dios es pacífica.

Matar es pecado.

La vida humana es sagrada.

Dios rechaza la violencia contra su creación.

La guerra traiciona nuestra naturaleza superior, que es la parte que está más cercana a Dios.

La guerra viola la alianza por la cual todos los hijos de Dios somos iguales.

Estos argumentos no han evitado la guerra, pero sin duda alguna han ayudado a hacernos sentir que somos criaturas culpables y pecadoras.

De esta forma la religión traiciona su misión de hacer la voluntad de Dios. En lugar de convertir la guerra en paz, la religión cantaletea a nuestra conciencia. La guerra buena está de parte de Dios pero no borra el pecado de muerte que la guerra implica. Se nos ha prometido que Dios manda a los pecadores al infierno, pero, ¿no es lo mismo que matar a los que matan? ¿Por qué Dios termina cometiendo el mismo pecado que castiga?

Esta contradicción no es fácil de aclarar. Se puede inventar una lógica circular según la cual los pecadores cometen asesinatos y luego le piden a Dios perdón. O se puede presentar una personalidad dividida de Dios, como la que me presentaron, en la que una cara manifiesta creación y amor mientras la otra manifiesta destrucción y muerte. El cisma entre Yahvé y Cristo presenta esta tendencia y/o, como lo hace la división entre Krisna y Siva.

El camino de la paz no exige que Dios tenga que ser pacifista. El abismo entre pacifista y partidario de la guerra pertenece a nuestra psicología y no a la naturaleza de Dios. Esta esquizofrenia divina puede superarse identificando unas cuantas verdades espirituales.

Dios no es una persona.

No podemos leer su mente.

La esencia de Dios es la conciencia.

La concientización puede usarse a favor de la violencia o de la paz; la decisión es nuestra.

Cuando se expande, la conciencia humana escoge la no violencia que es compatible con el amor.

Si estos principios son válidos, Dios no tiene que meterse en los asuntos humanos. Defiende la vida y el amor. Pero para que yo pueda encontrar solución a mi angustia personal por la guerra, tengo que transformar mi estado de conciencia hasta que la violencia deje de ser una opción. Éste es un argumento con el que estamos familiarizados y que millones de personas aceptan. ¿Por qué la religión se niega a aceptarlo?

No tendría que hacerlo. No tiene que hacerlo. Si cualquier religión tomara la misma decisión de unirse al camino de la paz como tantos individuos la están tomando, la fe volvería a ser una fuerza vital. ¿Qué cambios implica? Usted ya los conoce en lo que se aplican a las personas, pero seamos explícitos:

La religión tiene que ubicar la responsabilidad de la violencia en el lugar al cual pertenece: En la mente de cada persona.

Tiene que dejar de juzgar a quienes no comparten la misma fe como pecadores condenados por Dios.

Tiene que dejar de defender la guerra.

Tiene que dejar de proclamar que es el único camino hacia Dios.

Tiene que renunciar a su arrogancia y sus reclamos de autoridad.

Tiene que abandonar su ambición de poder.

Tiene que descubrir cómo devolver la primacía al amor.

Estos cambios probablemente no ocurrirán mientras vivamos, pero no podemos pretender que sólo sean opcionales. No son las críticas de un enemigo de la iglesia. Yo fui educado en colegios religiosos y me han conmovido las profundas creencias religiosas de mis padres: mi madre iba al templo todos los días de madrugada para rezarle a Rama y mi padre fue enterrado según el rito hindú. Probablemente mi identidad tiene raíces religiosas más profundas que quienes se consideran defensores de los valores tradicionales. Pero también soy una persona moderna y lo que he visto desde la época de mi educación religiosa es demasiado evidente como para ignorarlo: Los puntos de vista que predominan en nuestra comprensión actual de la naturaleza humana han hecho irrelevante la religión.

Estas nuevas perspectivas son de tipo científico y explican la violencia en forma absolutamente no religiosa. En la escuela de medicina me convertí a la ciencia y sé que las creencias que dominan el pensamiento científico son muy poderosas. Una creencia, introducida por Sigmund Freud, es que la violencia proviene del inconsciente. En esta visión, hay un ámbito de oscuridad en cada uno, lo que Carl Jung denominó la sombra, donde se encuentran los impulsos atávicos de rabia y miedo. En la vida diaria, no hacemos contacto con la sombra; pretendemos que no existe y, desafortunadamente, esta actitud nos convierte en sus esclavos. Cuando las guerras estallan, la sombra sale a la superficie para hacer estragos.

El punto de vista psicológico de la violencia hace la religión irrelevante porque sólo podemos escapar de la esclavitud de la sombra explorándola, poniéndola a la luz de la conciencia. Explorar la sombra ahuyenta a las personas religiosas. Prefieren vivir el drama del pecado y la redención, donde las líneas divisorias son claras: si uno se porta mal, Dios lo condena; si uno se porta bien, Dios lo premia. Ésta es la relación de los hijos con el padre y la madre porque, en la familia, el premio y el castigo funcionan para enseñar a los niños qué es correcto y qué no es. Al ampliarlo a la edad adulta, las debilidades saltan a la vista. Un adulto que deja la moral en manos de un Dios que premia o castiga ha abdicado de su responsabilidad como agente del bien. Un adulto que considere que los impulsos ocultos de rabia y miedo son un pecado con el que se nace está renunciando a su responsabilidad de desarraigar la oscuridad. La guerra y la violencia provienen de las conciencias de todas y cada una de las personas. En su núcleo, todas las religiones dicen esto y, cuando es utilizada para evitar la confrontación de cada persona consigo misma, la religión ha muerto.

El segundo punto de vista acerca de por qué existe la violencia es genético. La genética se basa en las leyes de la supervivencia de Darwin. Si una característica ayuda a una especie a sobrevivir, permanece y se hace parte de su constitución genética. Si una característica hace a una especie más débil, limitando su habilidad para sobrevivir, la característica desaparece junto con sus genes. La violencia, por lo tanto, no tiene significado moral. En el pasado, hombres y mujeres tenían que matar o dejarse matar. Los hombres tenían que competir con otros hombres para tomar sus compañeras y probablemente raptaban violentamente a las mujeres que escogían. Las tribus tenían que ganar la guerra contra otras tribus que disputaban el territorio, la comida y las mujeres.

La genética hace la religión irrelevante porque, desde su punto de vista, somos una rama de la familia de los primates junto con los gorilas y los chimpancés. Ya nos habíamos referido a esta perspectiva. Como quiera que los genes del *Homo sapiens* son diferentes de los genes de los gorilas únicamente en un uno por ciento, el argumento parece irrefutable y tan convincente que, para muchos, compararnos con los ángeles es solamente sentimentalismo. Hamlet es el suicida más desesperado de todos los grandes personajes de la literatura, pero dice de los seres humanos, "¡En la forma como un ángel, en la percepción como un Dios!" La genética podría mostrarle que en la forma apenas estamos unos pasos adelante del hombre de Neandertal y, probablemente, también en percepción.

Tal vez la religión no está sucumbiendo a sus propias carencias internas sin la ciencia, pero con la ciencia en su contra, no hay mucha esperanza. La ruptura introducida por Freud data de un siglo y la de Darwin data de siglo y medio, luego de lo cual la religión se ha hecho cada vez menos confiable. Nuestra tarea actual es devolver la esperanza haciendo una de estas dos cosas:

1. Seguir defendiendo la religión tradicional hasta lo último, a pesar de cuánto contradiga a la razón.
2. Urgir a la religión para que evolucione con el fin de que adquiera el tipo de relevancia que la ciencia no pueda vencer.

Aunque se podría pensar que, en su gran mayoría, la gente religiosa ha escogido la primera alternativa, creo que las apariencias engañan. Las personas con inquietudes espirituales han encontrado nuevas maneras de pensar en Dios; han explorado la física cuántica para explicar la realidad en forma tal que los milagros y la existencia del alma resultan más creíbles de lo que eran en la religión tradicional. El espíritu ha regresado, no como obediencia ciega a unos cánones, sino como exploración personal de la conciencia. Seguimos haciéndonos las mismas preguntas de siempre acerca de quiénes somos y de dónde venimos. Y vuelven las mismas respuestas de toda la vida: somos seres espirituales que venimos de Dios, sólo que el camino ha sido recorrido con los ojos abiertos y una mente expandida, no por simple adhesión a un dogma.

¿Y la guerra? Dios puede indicarnos cómo salir de la angustia actual recorriendo los pasos que nos llevaron a ella. Dios muestra el camino por medio de la conciencia porque Dios *es* conciencia. Si nuestra mente experimenta conflicto, culpa o se siente dividida, éste es el lente a través del cual vemos a Dios. Si nuestra mente es organizada, coherente y clara, éste es el lente a través del cual vemos a Dios. Usted y yo no podemos escapar de un hecho fundamental: En cualquier etapa de la evolución personal se ve la realidad como uno mismo es. El relato bíblico acerca de cómo Dios creó al ser humano a su propia imagen no es completa mientras no caigamos en la cuenta de que los seres humanos le devolvieron el favor creando también un Dios a su imagen.

Hay tantas versiones de Dios como personas en el mundo. Sin embargo, las versiones pueden tipificarse en siete etapas que corresponden a las siete etapas de la concientización. Son como lentes que nos ofrecen una determinada visión del mundo. A medida que la evolución sigue su curso, Dios cambia. El nivel de conciencia que considera a Dios como partidario de la guerra y fuente de miedo va siendo reemplazado por la imagen de un Dios de paz y de amor. Ahora bien, este Dios sólo subsiste si la conciencia evoluciona para sostenerlo. Ésta es una de las leyes que rigen la espiritualidad. A medida que evolucionamos, también evoluciona la divinidad. El camino hacia la paz depende de que esta verdad cobre vida, paso a paso.

Dios se revela por etapas

Etapa 1: Caos, conflicto, guerra

En la etapa menos evolucionada, Dios preside sobre un mundo de desastres impredecibles. Los seres humanos tienen que hacerle frente a la naturaleza en estado puro, incluso a su propia naturaleza. Un mundo de bestias que se atacan y se comen unos a otros se traduce en una sociedad en la que el hombre es el lobo y también la presa. Se trata de un comportamiento atávico, una regresión a la primitiva alternativa de pelear o huir.

Cuando alguien se encuentra en la etapa uno, la "jerarquía enredada" se encuentra dominada por lo siguiente:

miedo
hechos fortuitos
reacciones ciegas
pelear o huir
enemigos por todas partes
opresión
depresión
pecaminosidad

Esta etapa de la concientización crea una tremenda incertidumbre, como lo atestiguan los días siguientes al 11 de septiembre. El público norteamericano experimentó olas de sobresalto y miedo. El terror creaba el caos y la solución era organizarse y pelear. Este viraje fue encarnado por el alcalde Rudolph Giuliani, quien respondió con gran elocuencia el primer día, convocando al público a través de una honesta reacción de profundo dolor cuando hablaba de un número tan grande de víctimas que no cabía en el corazón. Con el

tiempo, Giuliani se convirtió en militante contra el terrorismo, invitando a cualquier sacrificio para derrotarlo.

Como los líderes deben demostrar que ellos no participan del miedo del público, su reacción es asumir el poder
y ejercer control. La reacción inmediata es negar la libertad a
toda la sociedad porque los malhechores prosperan donde
hay demasiada libertad. Ahora bien, esta afirmación es todo
lo contrario de la verdad. (Cuando escribo esto, con poste-
rioridad al ataque terrorista a la escuela de Beslán, el presidente Putin ha solicitado más poderes para acabar con el
enemigo, tal como lo hizo el presidente George W. Bush después de los ataques del 11 de septiembre en el año 2001.)

En esta etapa Dios refleja estas actitudes de temor. Es
severo e inflexible. Condena a sus enemigos, contra quienes
quiere total venganza. Sería un error identificarlo solamente
como el Dios del Antiguo Testamento, aunque Yahvé mues-
tre estas características, pero también Cristo dice que los
pecadores serán lanzados al abismo donde habrá llantos y
crujir de dientes.

Como en cada etapa de la concientización, Dios tiene
que caber en el mundo que él ha creado. Así pues, a un
mundo de desastres fortuitos e impredecibles corresponde
un Dios caprichoso y voluntarioso, a quien hay que temer y
aplacar para impedir que desate su venganza. Le rogamos
que nos salve de nuestros pecados pero esperamos lo peor,
ya que el pecado nunca queda abolido y, por lo tanto, merecemos todo lo que sucede.

Pero el caos al que la gente le teme es interior. Existe en nuestra conciencia y no funciona tratar de proyectarlo a los enemigos. La guerra al terrorismo está condenada al fracaso, porque cuando escogemos ver enemigos por todas partes, nos estamos condenando a que el número de enemigos sea cada vez mayor.

Esta primera etapa concluye con cambios en la concientización. Hay una contradicción interna en un Dios que crea desastres y luego espera que le rindamos culto para responder a nuestros miedos. ¿No es, también, fuente de nuestros temores? La táctica en esta etapa es conquistar el miedo convirtiéndolo en ira. La mágica transformación del miedo en ira se encuentra detrás de toda respuesta militar. Los ejércitos encarnan el deseo de ser fuertes, de defenderse y de ser agresivos. Esta instancia parece ser opuesta al miedo, que hace que la persona se sienta débil, indefensa y fuera de control. Pero sólo cuando el miedo es enfrentado por lo que realmente es, es posible desactivarlo. En ese punto, la etapa uno finaliza y Dios adquiere un nuevo rostro.

Etapa 2: Ley, orden, logro

En la siguiente etapa Dios preside sobre un mundo de leyes. El caos de la etapa uno ha dado paso al orden. Nos encontramos ante un mundo en el que la naturaleza permanece dentro de unos límites y gobernada por sus propios principios predecibles. Éste es un mundo más benigno que exige un

Dios más benigno. Yo lo llamaría el Dios del "todo sigue igual". Aparece en el Antiguo Testamento después de la expulsión de Adán y Eva del jardín de Edén, cuando a pesar de la terrible maldición la vida normal debe continuar. Entonces comienza a proclamar las diferentes leyes que van a regir la vida civil, comenzando por los Diez Mandamientos para luego ampliarse en cientos de preceptos. Dios se interesa por ofrecer a sus hijos una vida buena, una vida virtuosa.

En la etapa dos, la "jerarquía enredada" está dominada por lo siguiente:

organización
orden
cooperación
leyes
dinero
sociedad civil
competencia
mercados libres

Aunque ninguna de estas palabras son propiamente religiosas, están presentes en toda tradición espiritual. Tanto el código de Manu, en la India, como la ley de Moisés proponen cómo pueden convivir los seres humanos para lograr sus metas. Ésta es la etapa en la que la guerra se vuelve racional, en un medio para obtener más tierra, dinero y poder. La gente sigue viviendo en medio del miedo, pero escondiéndose tras la máscara del "todo sigue igual". Dios ya no es caprichoso. (El último episodio bíblico en el que provoca a los seres humanos aparece en el libro de Job, que comienza cuando Yahvé apuesta con Satán que un hombre virtuoso no puede perder la fe a pesar de pruebas terribles. Yahvé no está en el lado equivocado de la apuesta, pero resulta tan manipulador como Satán.) Dios acepta estar ligado a unas leyes y no hace falta adivinar qué es lo que quiere. Obviamente, ésta es una necesidad humana más que una necesidad divina, pero presta un buen servicio a la sociedad.

Pero orden no es lo mismo que amor o perdón. Si transgredimos las leyes de Dios merecemos castigo y, algunas veces, la muerte. Por eso todavía no se presenta el dilema entre la ira y el miedo. En una contienda con la naturaleza en estado puro, los seres humanos siempre tendrán miedo de ser destruidos. También sentirán miedo de ponerse delante de un juez, humano o divino, que tiene el mismo poder.

La contradicción introducida en la etapa dos es que la violencia y el orden no pueden coexistir sin tensión. Las sociedades más racionales continúan yendo a la guerra pero desarrollan formas más eficientes de crear destrucción. El Dios de la etapa dos puede querer que sus hijos tengan una vida buena, si bien se siente a gusto con la violencia.

En esta etapa la guerra permanece como opción, pero una opción peligrosa si amenaza la prosperidad del país. Por ello los dirigentes se ven obligados a pretender que las guerras no cuestan lo que cuestan, que la prosperidad y la guerra podrían ir de la mano.

La táctica de la etapa dos es el materialismo, que es la creencia de que tener suficientes cosas materiales puede acabar el sufrimiento. El prototipo de la etapa dos podría ser un universitario de clase media que solicita aplazamiento para ser reclutado. Educación y privilegio se invocan como prueba de estar por encima de la guerra. No obstante, la verdad es que las guerras son una erupción de los impulsos del inconsciente y, mientras estos impulsos no sean enfrentados, la violencia no tiene más remedio que seguir existiendo. El estatus material es irrelevante: los países pobres van a la guerra, los países ricos van a la guerra. Cuando la gente entiende que el progreso material no resuelve el problema que subyace a la violencia, la etapa dos finaliza.

Etapa 3: Armonía, ternura, interiorización

El Dios de esta etapa es el Dios del perdón. Preside un mundo que ya no está oscurecido por la presencia del pecado. Los seres humanos han adquirido una mejor imagen de sí mismos. El mundo es un lugar de armonía que se parece más a un campo de juegos que a un campo de batalla. Todo resulta más flexible y los seres humanos comienzan a explorar la posibilidad de que la naturaleza no ha sido fijada por Dios, que es evolutiva, que las cosas cambian y, por lo tanto, pueden mejorar.

En la etapa tres la "jerarquía enredada" está dominada por lo siguiente:

introspección
estabilidad
paz
aprecio
indulgencia
apertura
aceptación de sí mismo o de sí misma
no juzgar
ternura

En esta etapa, los seres humanos comienzan a caer en la cuenta de que son pastores del planeta. Aprendiendo a cuidarse a sí mismos, aprenden a cuidar la creación de Dios. Al mismo tiempo, Dios es más benevolente. También él ha perdido todo deseo de venganza. Está sentado por encima del mundo, feliz de permitir a sus hijos vivir su propia vida. Está contento de haber creado un entorno armonioso para que los seres humanos puedan crecer en él.

Al llegar a esta etapa, podemos mirar dentro de nosotros mismos porque no tenemos tanto miedo de lo que podamos encontrar. El lobo feroz se ha marchado. Hay menos depredadores en nuestro interior, aunque hay sombras e impulsos preocupantes, pero no lo suficientes como para perturbar el sentimiento básico de estar bien y la aceptación de sí mismo o de sí misma es una nueva posibilidad. El sentido del propio valor ha inclinado la balanza en contra del pecado.

En la etapa tres no hay deseo de guerra. Todo gira alrededor de la paz como algo normal. La madurez entra en escena y se considera que la paz sólo puede encontrarse respetando a nuestros hermanos y a nuestras hermanas y tratándolos como nuestros iguales. Las sociedades pasan a la etapa tres cuando se interesan por reconstruir las ruinas del país del enemigo. Ésta es también la etapa de la moralidad, cuando se puede odiar el pecado pero amar al pecador. En otras palabras, una persona puede hacer cosas malas sin ser juzgada como una persona mala.

En esta etapa los líderes son hacedores de paz y tienen sentido humanitario. Su comportamiento ya no es competitivo o beligerante, sino tierno (Lincoln fue tierno en comparación con Ulysses S. Grant y Bill Clinton fue tierno en comparación con George W. Bush), sus acciones deben mostrar indulgencia y sus políticas necesitan integrar diversos intereses.

La táctica impracticable en la etapa tres se centra en la sombra, esa parte oculta que tenemos en la que guardamos la rabia, el miedo y la destructividad del pasado. La introspección muestra esa sombra, pero no hay una forma práctica de hacerle frente. Las personas, en la etapa tres, pretenden estar más en paz, ser más tolerantes y perdonar más en lugar de demostrar su depresión. No están siendo hipócritas. Antes bien, el descubrimiento tan apetecido de que la paz es posible les impide renunciar a él y, para la mayor parte de las personas, el enfrentamiento con sus propios demonios no es pacífico.

Casi todas las sociedades han alcanzado el punto en el que un Dios pacífico es deseable. Es lo que ha conseguido la evolución, a pesar de que tendemos a deslizarnos a etapas inferiores cuando las presiones del miedo y la ira son muy grandes. Las religiones que predican la intolerancia son religiones minoritarias porque el odio y el miedo que proclaman no son aceptables para la inmensa mayoría. La evolución tiene aún un largo camino que recorrer. El Dios de la etapa tres no es todavía el Dios del amor y de la compasión; no ha dado la bienvenida a los seres humanos como cocreadores de su propia realidad. Aun así, los fundamentos del siguiente paso han sido sentados.

Etapa 4: Discernimiento, crecimiento consciente, testimonio

El Dios de esta etapa es maestro en revelar la verdad oculta. Preside sobre un mundo preñado de misterio. Por primera vez, para conocer a Dios es necesario renunciar al materialismo porque los dones de la revelación provienen de capas invisibles de la realidad. Provienen de lo que en la India se conoce como el *cuerpo sutil* (*Shuksham Sharir*), término que yo prefiero a la noción moderna occidental de inconsciente, que implica un lugar de oscuridad e instintos ciegos. El cuerpo sutil es la sabiduría en sí misma y cuando una persona comienza a acceder a ella, una corriente de conocimiento comienza a brotar. El Dios de la etapa cuatro es misterioso pero quiere darse a conocer.

En esta etapa la "jerarquía enredada" está dominada por lo siguiente:

intuición
misterio
verdad interior
testimonio
desprendimiento
mayor aceptación
ensimismamiento

Dios se refleja en el descubrimiento repentino de que el origen de la realidad se puede encontrar en el interior del ser humano. La evidencia de esta posibilidad convierte el mundo interior en algo fascinante. Encontrar la propia verdad resulta de suma importancia. Como quiera que nadie nos puede decir nuestra verdad, nos independizamos de la autoridad externa. Dios, en esta etapa, ya no quiere ser una autoridad: es una presencia oculta que se revela poco a poco.

En las raras ocasiones en las que llega al poder una persona profundamente clarividente como Vaclav Havel, el primer presidente de la Checoslovaquia libre, pueden presentarse períodos extraordinarios, generalmente muy breves, de despertar nacional. Gandhi y Lincoln presidieron durante este tipo de periodos, aunque ambos tuvieron que enfrentarse a gran agitación social. Los líderes de esta etapa tienen que ser absolutamente genuinos, seres humanos complejos que tienen el raro talento de ser también personajes públicos. Gobiernan con su presencia que muchos perciben como sabia e, incluso, santa.

El Dios de la etapa cuatro merece ser amado. Es la esencia del conocimiento. Quien haya alcanzado esta versión de Dios está en condiciones de dar testimonio porque ha sido capaz de salir de sí mismo o de sí misma. Para dar testimonio hay que desprenderse pero no ser indiferente. Quienes han estado cerca de la muerte en la guerra o en un accidente de tránsito hablan de la tranquilidad repentina que experimentan. No importa qué tan violenta sea la acción que se desarrolla a su alrededor, se sienten separados, como si miraran la escena desde otro lugar, un lugar desde donde todo recibe cuidado y atención: no experimentan resistencia frente a los acontecimientos externos.

La espiritualidad es mucho más viable en la etapa cuatro, porque por primera vez se permite que la vida siga su propio ritmo. El deseo de mantener el control ha disminuido. Quien puede dar testimonio, ya no tiene que matarse en los asuntos cotidianos: ganar y perder no se contraponen sino que desempeñan su papel en un designio superior.

Quien puede dar testimonio ve la posibilidad real de alinear su voluntad con la voluntad de Dios. En esta etapa, la guerra resulta lejana e inútil. Sólo puede provenir de la ignorancia, motivo por el cual hay que acabar con la ignorancia.

La limitación de la etapa cuatro es que no se ha encontrado una solución a la guerra y a la violencia. A pesar de lo mucho que lo busca quien da testimonio, su mismo desprendimiento de las otras personas hace que sea difícil alcanzarlas y ellas han dejado de relacionarse con él o ella porque no se interesa en sus ambiciones ni participa de sus preocupaciones. Resulta, pues, que la intuición no es suficiente para cambiar el mundo.

Etapa 5: Creatividad, descubrimiento, innovación

El Dios de esta etapa es creador y preside sobre un mundo que quiere reinventarse a sí mismo. La nostalgia del jardín del Edén ha llegado a su fin, a medida que los seres humanos se sienten suficientemente fuertes para conformar un mundo que pueda expresar sus propias necesidades creativas. Ésta es una etapa de nuevo poder. Contiene tanta energía y vitalidad que el desprendimiento sirve como protección frente a las distracciones del mundo exterior.

La "jerarquía enredada" de la etapa cinco está dominada por lo siguiente:

creatividad
arte y ciencia
exploración
rebeldía
insistencia en la libertad
concentración
brotes de inspiración
energía sin límites
intolerancia a los límites
rechazo a la autoridad

Todas estas palabras se aplican a los grandes protagonistas de la historia de la humanidad, desde Galileo hasta Einstein. Son exploradores de la conciencia, que no toleran sentirse confinados. El Dios de esta etapa se les parece pero en la dimensión de infinito. En lugar de crear el mundo y ausentarse de él, Dios está constantemente creando, en un eterno proceso que tiene lugar en todas las dimensiones.

Los protagonistas de esta etapa son ejemplares de humanidad. El tiempo y el lugar no cuentan. Newton o Mozart inspiran a muchas generaciones a lo largo de los siglos, sin tener en cuenta las fronteras. Los verdaderos creadores son tan poderosos que la política, con sus turbios intereses, no puede ofrecerles un lugar. Napoleón fue un miembro de este nivel y le dedicó muchas horas de su vida a rehacer Francia a su imagen, desde el sistema legal hasta los botones de las casacas de sus soldados, desde los monumentos públicos hasta el gusto por la comida y la moda. Este período finalizó cuando se convirtió en un monstruo de egolatría y se destruyó a sí mismo. Al querer que todo en el mundo estuviera marcado con su nombre, perdió la conexión creativa que había hecho de él un individuo superior. (Napoleón terminó como un hombre común y corriente que, sentado en una bañera en Santa Helena, dictaba sus memorias de glorias pasadas. Él mismo era consciente de que la conexión creativa se había roto para siempre.)

La táctica impracticable de la etapa cinco es que un mundo nuevo no puede ser inventado por un solo individuo, no importa qué tan inspirado se encuentre. Los grandes artistas viven en una fantasía de plena creatividad, pero su poder termina en el papel o en el lienzo. Por otra parte, la inspiración es una poderosa fuerza y en aquellos momentos en que estamos en presencia de las grandes creaciones de un genio, nos sentimos elevados a un nivel superior de la verdad.

Otros dos problemas limitan la etapa cinco: anarquía y aislamiento. Los creadores odian sentirse restringidos y desdeñan la autoridad (basta leer las quejas de Miguel Ángel acerca del papa Julio, dado que le resultaba emocionalmente imposible someterse a la autoridad, así fuera la suprema autoridad de la Iglesia). Pero un mundo de creatividad desencadenada podría ser de total anarquía. Los grandes creadores terminan viviendo en el aislamiento, capaces de cambiar el mundo pero incapaces de integrarse. Dios, en esta etapa, es creador puro, motivo por el cual está más allá de toda comprensión humana. No puede transformar la humanidad en su imagen mientras permita que exista la fragilidad humana.

Etapa 6: Visión, compasión, amor

El Dios de esta etapa ama todos los aspectos de la humanidad y preside un mundo que se le rinde aunque no se lo pida. El poder cambia de sentido: ya no está anclado en amenazas, procede del amor, sin pedir nada pero inspirando completa devoción. Una persona en esta etapa se convierte en visionaria. Deja de pensar en forma individual. Todo pensamiento y toda acción son expresión de amor por la humanidad. Las etiquetas de bueno y malo prácticamente han desaparecido. Todas las criaturas vivientes son aceptadas en el abrazo de la compasión.

En la etapa seis la "jerarquía enredada" está dominada por lo siguiente:

visión
compasión
milagros
completa transformación
fin de la personalidad
orientación hacia el futuro cercano
muerte del ego
capitulación

El Dios de la etapa seis no está atado al tiempo y al espacio. Inspira a los visionarios que viven en función de la transformación que un día traerá el cielo a la tierra. En lugar de interesarse por los hechos de cada día, los visionarios pueden ver la cercanía de una humanidad transformada. Buda y Jesús, Sócrates y Laotsé, Mahoma y Confucio se encuentran en el umbral entre el tiempo y el no tiempo, haciendo de la vida eterna una posibilidad humana.

Este umbral es un espacio mágico porque las leyes inamovibles de la materia y la energía son relativizadas. Los visionarios pueden realizar milagros. Modifican la realidad misma. En este sentido, son metacreadores. Sin recurrir a lo material, su influencia hace que el futuro cambie a través de medios invisibles. Me encanta una frase que escuché hace años: *Son personas que precipitan la realidad sobre la tierra.*

Dios, en esta etapa, es bendición pura, gracia pura. Su luz responde a las oraciones impregnando la realidad con su divina presencia. Es lo que se siente en los lugares sagrados, donde existen comunidades espirituales porque las personas que pueden percibir la fragancia de la divinidad quieren permanecer cerca. En esta etapa los venerados maestros de la humanidad se convierten en santos, vehículos de la gracia de Dios.

La vida en la etapa seis no presenta dualidad. El problema del juicio ha desaparecido. Nadie es visto como malo o inaceptable. Ningún acontecimiento es ajeno a la intención de Dios. Los peores aspectos de la vida humana son bendecidos para que puedan ser transformados. Queda un vestigio de lucha en la guerra por las almas, pero es sólo un símbolo proveniente de una perspectiva inferior. La luz no va a la guerra. Invade toda la creación y espera con paciencia infinita ser reconocida. Queda todavía por delante una etapa de la evolución, porque el reino de la eternidad todavía no alcanza su plenitud. Este reino está más allá del cambio o de la transformación, y no reconoce distinción entre pasado, presente y futuro cercano.

Etapa 7: Unidad, ser, eternidad

En esta etapa final de la evolución, Dios pierde todas sus propiedades. Ya no está aquí o allá, adentro o afuera, cerca o lejos. Se ha convertido en el ser absoluto. Su único atributo está expresado en la voz que desde la zarza ardiente habló a Moisés para decirle: *Yo soy el que soy*. El mundo que este Dios preside está completamente unificado. Todas las diferencias han sido borradas. Ya no hay más evolución. El aspirante ha llegado, no al final ni al principio, sino a la fuente.

En la etapa siete la "jerarquía enredada" también ha desaparecido. El estado último está más allá de las palabras y se puede describir por lo que no es:

no creado
no mortal
no tiene límites

no está ligado al tiempo
más allá de los contrarios
más allá del pensamiento
no imaginable

Sólo queda un adjetivo supremo. La etapa siete es *real*. Una persona que ha llegado hasta este punto ha podido desenmascarar todos los espejismos para experimentar únicamente lo que es la eterna verdad. No pretendo hacer un cuadro de este estado en términos de lo que se siente. Ni siquiera sé quién haya llegado a él, dado que los antiguos textos espirituales, como el *Rigveda*, no tienen autor. Las fuentes de estos documentos primordiales han recibido nombres como Viasa y Vasista, pero sus identidades desaparecieron en el curso de la historia.

El estado de unidad no es, sin embargo, mítico. Constituye el núcleo de toda tradición espiritual. A él se refieren los grandes maestros para responder la pregunta: *¿Quién soy?* Seis respuestas diferentes se pueden dar a esta pregunta, una para cada nivel de conciencia. Pero la curiosidad, mezclada con admiración, busca conocer la respuesta *real* que es "Tú eres Eso", la esencia no creada de la cual fluye toda la creación. "Eso" es la arcilla que Dios usa para crear. Antes de que haya luz u oscuridad hay Eso; antes de que haya bien y mal hay Eso. De allí surge la dualidad como surge la estatua de la arcilla y, así como la estatua vuelve a ser arcilla, la dualidad vuelve a ser nuevamente Eso.

Con esta descripción completa de la evolución de la conciencia, podemos definir exactamente qué es la guerra y cómo se relaciona Dios con la guerra.

Para entender la relación entre Dios y la guerra

Etapa 1. La guerra es una lucha que nace del miedo. Dios estimula la lucha y toma partido.

Etapa 2. La guerra es competencia por tierras, dinero y poder. Dios está de parte del vencedor.

Etapa 3. La guerra es una lucha para conseguir la paz. Dios es el campeón de la paz.

Etapa 4. La guerra es una tarea para construir la armonía a partir de las diferencias. Dios incluye todo en armonía.

Etapa 5. La guerra es el esfuerzo inspirado para crear, más allá de las limitaciones, un mundo nuevo. Dios es el progenitor de todos los mundos nuevos.

Etapa 6. La guerra es el último vestigio del bien contra el mal. Dios es una visión recuperada del cielo.

Etapa 7. La guerra no existe. Dios vive en cada momento del ser.

Esta lista nos muestra que en la "jerarquía enredada", nadie se había equivocado acerca de la visión de Dios, pero nadie tenía la razón. Todos vivimos dentro de las siete etapas de la concientización. Cuando una de ellas nos atrapa y domina nuestra mente, nos bloquea nuestro sentido de los otros. La víctima obnubilada por el miedo también puede experimentar momentos en los que es abrazada por un estado superior de unidad. Al nivel del alma, todos sabemos esto acerca de nosotros. Con una visión más amplia, podemos tener paciencia respecto a los muchos rostros de la guerra y a los muchos rostros de Dios. Lo importante es este recorrido eterno de la transformación en el que nadie puede estar en guerra con los demás.

La metafísica del terror

Otra decapitación ocurrió hoy. Un civil norteamericano de nombre Eugene Armstrong, un hombre de mediana edad con escaso pelo y barba entrecana, estaba sentado en el suelo, vendado, mientras sus torturadores, encapuchados, le hablaban a la cámara. La costumbre de filmar estas decapitaciones para transmitirlas por internet se ha convertido en un ritual. Armstrong, uno de los dos estadounidenses y un británico que cayeron en manos de un grupo jihadista, fue secuestrado en su casa en el centro de Bagdad la semana pasada. Esta vez el grupo solicitaba la liberación de mujeres iraquíes retenidas en cárceles manejadas por Estados Unidos. El ejército de Estados Unidos respondió que no había tales mujeres, sino dos civiles detenidas en otra parte por supuesta participación en el programa de armas biológicas de Saddam Hussein. Nadie ha dicho si estas dos mujeres, apodadas Doctora Germen y Señora Ántrax por los norteamericanos, serán liberadas. De no hacerlo, los terroristas han prometido ejecutar mañana a los otros dos rehenes.

La habitación en la que Armstrong estaba sentado se

encontraba empapelada con las fotografías de los detenidos en los campos de prisioneros en la bahía de Guantánamo
en Cuba. El mensaje de los hombres encapuchados ante la
cámara continuó con una diatriba contra Estados Unidos.
La acción es demasiado horrible para verla. Con toda barbarie, Armstrong fue decapitado con un cuchillo y su cuerpo
botado a la calle para que lo recogieran y lo identificaran.

He dibujado la escena sin intención sádica —yo no vi
el video— pero para acercarlo a usted lo más posible al
horror que tales actos de terror crean y pretenden crear. El
presidente Bush afirmó que los terroristas no quebrarían
la voluntad estadounidense, como lo hizo cuando comenzó, hace dos años, la cadena de decapitaciones en Pakistán,
cuando el periodista estadounidense Daniel Pearl fue asesinado. Bush estigmatizó a los ideólogos terroristas. Como
toda ideología, el terrorismo se basa en su propio sistema
de creencias, cuyas doctrinas golpean a la gente pacífica
por su increíble crueldad:

El asesinato es una herramienta política viable.

El terror es el único medio para despertar la conciencia
mundial hacia las injusticias que se cometen.

Es definitivo convertir a los civiles en objetivo porque
sus muertes producen el máximo terror.

El terror es lo único que los gobiernos escuchan.

En el caos creado por el terror, los pueblos oprimidos
pueden obtener poder y forzar un final para su sufrimiento.

Explicar el sistema de creencias de Al Qaeda y de otros

grupos terroristas es problemático, porque es darles mucho crédito considerar que estas doctrinas sean resultado de una reflexión. El terrorismo opera por fuera de la moral; no tiene leyes ni normas; desobedece cualquier instinto de tolerancia y acude al intelecto para justificar algo que no puede ser justificado. Las normas violadas son aquéllas que mantienen unida a la sociedad civil:

El asesinato es un crimen y el asesinato de inocentes es el peor crimen.

El caos es enemigo de la felicidad y nada consigue.

La barbarie es intolerable en una sociedad que vive bajo el orden de la ley.

Tratar de acabar con el sufrimiento creando un tipo diferente de sufrimiento es profundamente inmoral.

Para proteger estas reglas, Estados Unidos se ha constituido en el enemigo declarado del terrorismo. Para muchas personas, cuestionar este compromiso es en sí mismo inmoral. Pero cada uno de nosotros tenemos que hacer frente a esta nueva ideología de los jihadistas y otros grupos del mismo estilo, porque todo señala al terrorismo sin fronteras como la más grande amenaza en el nuevo siglo. El camino de la paz no puede ignorar la existencia de extremismos y crueldad inhumana como fuerza política. El poder del amor necesita encontrar una forma para superar a su adversario, ya sea que se llame enemistad, maldad o miedo.

Pienso que el conflicto entre terrorismo y amor es el conflicto crucial del momento actual. Para muchos, esta afirmación puede parecer como admitir la derrota. El amor es tierno, moderado, vulnerable, femenino, condescendiente, no violento y perdona. El terrorismo es duro, brutal, masculino, agresivo, intolerante y no perdona. (Utilizo masculino y femenino para describir un *ethos* o características culturales, sabiendo, naturalmente, que los hombres pueden amar y las mujeres pueden cometer actos terroristas.) En el terreno físico, el terrorismo podría aparecer tan fuerte que la única alternativa sensata es hacerle frente con igual violencia, intolerancia y decisión de no perdonar. ¿Puede el amor detener a un atacante suicida con explosivos? ¿Puede el amor impedir una decapitación? Si la respuesta es no, entonces el amor no puede ser la respuesta para un jihadista decidido a morir llevándose tantas víctimas civiles como sea posible.

Pero el camino de la paz nos indica que la evidencia física es desorientadora. El poder se puede encontrar en niveles más profundos que el físico. La ideología de el jihadista no tiene raíces y es peligrosa. No puede apoderarse del verdadero poder que proviene de las esperanzas y aspiraciones de las personas. El amor está del lado correcto, respaldado por el alma y por la expansión del estado de conciencia. Enfrentar a los terroristas es, básicamente, una acción policial. Pero la policía sólo puede ser efectiva si un criminal prefiere entregarse que morir. El clásico ultimátum policial, *salga con las manos en alto o disparamos*, resulta inútil contra alguien decidido a morir. De esta manera es como las tácticas del terrorismo han entrado a una nueva fase, similar a la de los kamikazes de la Segunda Guerra Mundial, en la que las reglas ordinarias no se aplican y las soluciones ordinarias no van a funcionar.

Según un dicho espiritual, la oscuridad se levanta para encontrarse con la luz; cada paso que se da en el sentido de la concientización atrae a su contrario. No tenemos los enemigos que nos merecemos. Tenemos los enemigos que se sienten obligados a mostrarse cuando la luz brilla más, como los bichos que salen de debajo de una piedra cuando se le da vuelta. Antes de darle la vuelta no estaban a la vista, pero una vez al descubierto se pueden manejar. Hasta aquí llega la analogía, porque la oscuridad que el terrorismo pone al descubierto no se acabará exterminándola. La luz es una luz que sana y cuya función es llevar a cada persona a un estado más evolucionado.

El poder de la evolución nunca está del lado de la enemistad, de manera que si tenemos la intención de evolucionar más allá del espectro siniestro del terrorismo, necesitamos confrontar las dos reacciones principales que el terror inspira:

> *Esta gente defiende el mal y, probablemente, el mal absoluto.*
> *Debido a los horrores que cometen, quisiera matarlos.*

Cuanto más brutales sean los actos de terror, más fácil resulta creer que los miembros de Al Qaeda son bestias. Por eso me llamó tanto la atención la historia de Ayman al-Zawahri, quien suele ser considerado como el brazo derecho de bin Laden y el verdadero autor de casi todos los ataques terroristas en Oriente Medio. La primera sorpresa fue al leer que Al-Zawahri es un cirujano de ojos. Proviene de una familia de médicos y profesionales de El Cairo y su padre fue profesor de farmacología hasta antes de morir en 1995.

Al-Zawahri podría haber optado por un estilo de vida de comodidades y privilegios, pero a los quince años fue arrestado por actividades ilegales basadas en su fervor fundamentalista. Había pertenecido a la Fraternidad Musulmana, un antiguo y bien establecido grupo fundamentalista y, en los años siguientes, mientras estudió medicina, Al-Zawahri continuó armando problemas y radicalizándose cada vez más. ¿Cómo se pervierte una mente? La opresión por parte de los que ejercen el poder juega una parte. La simpatía por un credo que el Estado intenta reprimir y por los pobres entre quienes se encuentran muchos seguidores fundamentalistas, es también un ingrediente clave. Pobreza y política son una combinación explosiva.

A través de este hombre he podido ponerle un rostro al terrorismo, aunque no alcanzo a entender su mentalidad. Al-Zawahri puede ser un psicópata. Probablemente fue él quien ideó los ataques del 11 de septiembre y ciertamente fue él quien firmó la infame *fatwah* de bin Laden en 1998 que ordenó atacar a los turistas occidentales. Aparece en los videos al lado de bin Laden en algún lugar de las montañas de Pakistán o Afganistán arengando a la venganza contra Estados Unidos. Sin embargo, también sirvió en una misión caritativa como médico, ayudando a los musulmanes defensores de la libertad en su resistencia contra Rusia durante la guerra de Afganistán, al tiempo que bin Laden ponía su fortuna para fines humanitarios en la misma lucha.

Hay una larga tradición de mentes brillantes entregadas al terrorismo. Stalin y Trotsky controlaron todo un país valiéndose de este medio. La creación de Israel está profundamente ligada con las tácticas terroristas del grupo sionista clandestino conocido como el Irgun. (Su ataque en 1946 a las fuerzas del ejército británico acuarteladas en el Hotel King David en Jerusalén fue clave en el nacimiento traumático del futuro Estado de Israel.) La historia determina quién es difamado como asesino despiadado y quién es glorificado como luchador en pro de la libertad. Yasser Arafat y otros terroristas se consideran a sí mismos luchadores en favor de la libertad, pero al final pueden ser calificados como criminales.

Pero cuando miro el rostro de Al-Zawahri, con sus gafas de hombre de letras enmarcando una expresión que denota determinación y crueldad, sé que la imagen que él tiene de sí mismo no es de maldad. Es un ideólogo cuya mente analítica lo ha llevado a creer que cuando el adversario es una superpotencia, cuando los países árabes son gobernados por dictadores corruptos y familias reales igualmente corruptas, cuando el tejido de los valores tradicionales está volviéndose pedazos debido a la pobreza y a la injusticia social generalizada, la única alternativa es el terrorismo. Se convierte, al mismo tiempo, en remedio y adicción, en un pretexto para acabar con la injusticia pero que conduce hacia las emociones de la rebelión.

Al contrario de lo que se dice, el verdadero enemigo de la paz no es el mal sino el caos. En un estado de caos como el que el terrorismo pretende crear, la sociedad se vuelve añicos. El caos no es lo mismo que el mal. Afecta a las personas en una forma impredecible. Cuando cayó Bagdad y el ejército de Saddam Hussein desapareció durante la noche, el pueblo iraquí saqueó todo lo que encontró a su paso, no sólo los palacios y los cuarteles de Baath sino todas las escuelas y universidades. Los pacientes mentales fueron sacados de sus camas para poder robárselas, junto con todas las medicinas y provisiones. En los disturbios raciales de 1996 en Los Angeles, las comunidades negras fueron saqueadas e incendiadas por los mismos residentes porque el caos es irracional. Los saqueadores iraquíes se estaban haciendo daño ellos mismos al igual que se hicieron daño los amotinados de Los Angeles. (En los días siguientes a los disturbios, muchos bancos y oficinas se negaron a volver a abrir.)

En mayor escala, el caos en que se hundió Rusia tras la disolución de la Unión Soviética fue más alarmante. La mafia rusa comenzó a medrar bajo el capitalismo, consiguiendo cuanto quería a base de la intimidación y la fuerza.

Oligarcas despiadados hicieron miles de millones en operaciones de minería y de los servicios públicos que habían sido propiedad del estado, para luego sacar el dinero fuera del país a cuentas en bancos suizos. A nivel del ciudadano común, hubo una negativa generalizada al pago de impuestos, con lo cual el tesoro quedó reducido al diez por ciento de lo que deberían haber sido los ingresos. El presidente Putin anunció en el año 2002 que si el país se apretaba el cinturón y hacía un esfuerzo masivo por recuperarse, en una década Rusia podría alcanzar el nivel de vida de Portugal, el país más pobre de la OTAN.

Esto indica que cualquiera puede ser presa del caos y caer en una conducta autodestructiva como resultado. El *mal* no es, aquí, el término apropiado. Aunque es difícil de creer, los terroristas no se consideran malos. Se ven a sí mismos como revolucionarios y, más aun, como idealistas que están dispuestos a realizar enormes sacrificios para conseguir un mundo mejor.

A los ojos de los occidentales, el régimen talibán de Afganistán era intolerablemente cruel y fanático. Las mujeres acusadas de adulterio eran apedreadas o ejecutadas en el estadio de fútbol de Kabul. A las mujeres se les prohibió tener un empleo y ejecutivas de la estación de radio estatal se encontraron de la noche a la mañana reducidas al estado de pordioseras y prostitutas. Ninguna mujer estaba autorizada a recibir atención médica —ni siquiera para el parto— o cualquier forma de educación. No obstante, en el mundo árabe, Afganistán, bajo el régimen talibán, se consideraba como un paraíso islámico.

¿Fue que el mal renació allí en una forma monstruosa? ¿Fue que la fina capa de civilización fue arrancada, dando rienda suelta a la barbarie? Podemos pensar cualquiera de estas cosas, pero lo que me llama la atención es que los talibanes se consideran a sí mismos virtuosos, incluso utópicos en sus propósitos. Hacerse una falsa idea de sí mismo es el efecto principal de la ideología.

En la década de 1930, durante los infames juicios de la era de Stalin, cientos de profesionales, entre ellos prominentes artistas e intelectuales, públicamente confesaron sus pecados contra el comunismo. A pesar de su inocencia respecto a los cargos de los que eran acusados, una combinación de miedo y lavado cerebral motivó a estos individuos a escoger su propia condena, porque la confesión no salvaría sus vidas. De esta manera, después de lavar su pecado eran enviados al Gulag o ejecutados. El Estado Soviético era el gran enemigo de la religión y, sin embargo, se las arregló para duplicar el surrealismo de la Inquisición Española, cuando los herejes eran quemados en la hoguera, pero si confesaban su pecado eran primero estrangulados como un acto de misericordia. Así pues, además del caos, el otro gran enemigo de la paz es la ideología, porque en sus garras se deshumanizan hasta los pueblos más civilizados.

La ideología es particularmente engañosa porque ofrece lo contrario de lo que promete. Para cualquier mente equilibrada, el paraíso islámico de Afganistán era tan desolador como el paraíso de los trabajadores bajo Stalin o el paraíso maoísta en China. Lo que hace diferente el momento actual es que los grandes adversarios del islam han surgido desde una ideología que es su rival. Para muchos fundamentalistas cristianos, la guerra contra el terrorismo es una guerra santa. En el año 2003, un general de tres estrellas, William Boykin, fue condenado en el mundo árabe como intolerante por un discurso que hizo en su iglesia.

Boykin, un devoto fundamentalista, no se arrepiente de los comentarios que hizo durante un sermón que predicó sobre la fe en Dios que el soldado debe profesar. Había recordado su experiencia en la invasión desafortunada de Somalia diez años antes, en 1993, cuando la misión de Estados Unidos era derrocar tiranos corruptos que empleaban la violencia para gobernar en condiciones de caos y hambruna. Cuando un seguidor de un tirano dijo en forma desafiante a Boykin que podría ser protegido por Alá, la respuesta de Boykin fue, "Yo sabía que mi Dios era más grande que el suyo. Yo sabía que mi Dios era un Dios verdadero y el suyo era un ídolo".

En medio del furor respecto a estos comentarios, Boykin fue considerado como un zelote antimusulmán. Traté de volver atrás explicando que el ídolo al cual se refería era una versión distorsionada de Alá, no el verdadero Alá. Pero me extrañó la visión que tenía el general acerca de la guerra en Somalia como una empresa sobrenatural, "Dios me mostró que el enemigo no era el enemigo que yo veía. Que el enemigo se encuentra en el terreno espiritual". En forma tan vehemente como lo resista la comparación, es la misma actitud que comparten el fundamentalismo cristiano y el fundamentalismo islámico: ambos consideran la actual guerra contra el terrorismo como algo sobrenatural, como una batalla por las almas. Y en una batalla así no hay razón para mostrar compasión. Como dice el general Boykin, "El enemigo es un enemigo espiritual. Es el príncipe de la tiniebras. Es un tipo que se llama Satán".

Nos hemos acostumbrado a que los jihadistas se refieran a Estados Unidos como el gran Satán, pero escuchar la misma retórica en las filas estadounidenses es perturbador. Decapitar a un inocente ciudadano estadounidense es una bárbara crueldad perpetrada en nombre de Dios. Sentimos un escalofrío de horror pero no sentimos el mismo horror por los inocentes niños iraquíes destrozados por la metralla de las granadas de fragmentación estadounidenses. Si damos un paso más y decimos que las muertes que causamos son parte del plan de Dios, estamos condenados a caer en el mismo mundo irreal del jihadista.

Nuestra versión de ese mundo infernal tiene aire condicionado y cientos de canales de televisión, pero tales diferencias banales no nos salvarán. El año pasado fui invitado a un lujoso club campestre por un rico petrolero que quería conocerme. Me recibió amablemente, manifestando que me admiraba, y me propuso que formara parte del equipo de

Bush. Me dijo que pertenecía al círculo más íntimo del poder político. Salimos a jugar golf y, cuando se sintió a gusto, dijo, "Naturalmente, necesitaríamos que nos demuestre que usted acepta a Jesús como Señor y Salvador".

Procuré que no se me notara que estaba sorprendido y le dije que respeto a Cristo como un alma iluminada y un gran maestro (lo que no era sólo un cumplido pues habiendo estado en colegios cristianos en India, fui profundamente influenciado por la lectura del Nuevo Testamento). Pero mi respuesta no era suficientemente buena. Esperó un momento, mientras le pegábamos a la bola, y entonces me dijo, "Pero usted no tiene una visión de conjunto. Estos musulmanes son malos y tenemos que desaparecerlos a todos".

La tendencia oculta de la ideología es preocupante porque el fanatismo ha aprendido a vestirse bien y su discurso es convincente. No obstante, la intolerancia subyacente es igualmente directa. Como el general Boykin, el petrolero se defendería ferozmente de ser calificado de fanatismo. Boykin, a su manera, estaba diciendo una sencilla verdad en la que él creía cuando manifestó su opinión acerca de los resultados de la elección presidencial estadounidense del año 2000, "¿Por qué está este hombre [Bush] en la Casa Blanca? La mayoría de los estadounidenses no votó por él. Está en la Casa Blanca porque Dios lo puso allí para un momento como este".

¿Pero qué es exactamente este momento?

Para el jihadista este es el momento en que la verdadera fe debe salvarse de la amenaza del infiel. El Occidente corrupto ha profanado y traicionado las doctrinas del islam. Ha robado los lugares sagrados del islamismo y ha apoyado a Israel en su intolerable posesión de Jerusalén. El mundo moderno extiende su influencia secularizada, ocultando los mandamientos de Dios. Si estos mandamientos siguen siendo desobedecidos, musulmanes inocentes irán al infierno. Dios lo sabe y ha armado a sus verdaderos hijos e hijas para que puedan alcanzar el paraíso a través del martirio.

Para el cristiano evangélico ferviente, es el fin de los tiempos, la agitación que precede el Apocalipsis final. Los hitos son cósmicos, porque pronto veremos surgir al Anticristo en el Oriente Medio. Un combate mortal tendrá lugar, dirigido por Satán y Cristo. Miles de hombres y mujeres están destinados a morir, pero en el juicio final Dios llamará a los suyos, a quienes resucitará en sus cuerpos para unirse a Cristo en el cielo.

Ésta es una fantástica creencia de tipo sobrenatural. Fantástica, a menos que su conciencia haya sido configurada por ella.

Muchas explicaciones se han propuesto acerca del porqué este pensamiento apocalíptico resulta actualmente tan atractivo. Se culpa a la modernidad de movilizar a la gente común y corriente más allá de su zona de comodidad. Cuando los medios de comunicación nos asaltan con sus imágenes de violencia, la amenaza se introduce como sobrecarga. Anhelamos escapar hacia un mundo aparte como el que

Dios ha prometido. Anhelamos, también, la redención, una fuerza tan antigua como la religión. Detalles de la vida diaria alarman a los fundamentalistas. Hay caos en las autopistas todos los días debido a los embotellamientos. Los estadounidenses se trasladan permanentemente de ciudad en ciudad en lugar de echar raíces en una comunidad. A nivel global esto se traduce en el número sin precedentes de refugiados y de gente sin hogar que hay en el mundo. Tenemos que enfrentar la sobrepoblación y contaminación de nuestras ciudades. Hay, también, incertidumbre económica, debida al repentino aumento de jóvenes desempleados en Oriente Medio (en algunos países árabes la mayor parte de la población es menor de dieciocho años), y mucho más: viejas rencillas religiosas que vuelven a aparecer, aumento del evangelismo y, más sutilmente, alejamiento silencioso de muchos profesionales de clase media de las religiones en las cuales crecieron.

Analizando lo anterior, ninguna razón sirve de explicación. Suenan como partes de un informe presentado por un *think-tank* o por el departamento de sociología de una universidad. Sin embargo *algo* ha ocurrido. Así lo siento y estoy seguro de que usted también lo siente. Cualesquiera que sean las causas, todos estamos "involucrados" en este cambio. Sólo al comprender este hecho podemos escapar del reflejo automático que nos hace pensar así: *"Esta gente es mala"* y *"Quisiera matarlos por lo que hacen"*. La empatía es su recompensa. Si usted puede verse en el mismo contexto de aquéllos que lo amenazan, estará abriendo un camino a la razón y a una posible disminución del miedo.

El extremismo tiene raíces humanas. En 1961, Israel llevó a juicio al "hombre de la cabina de cristal", el notable nazi Adolf Eichmann. Hacía tiempo que los juicios de Nuremberg de la era de la posguerra habían finalizado, pero algunos nazis prominentes no habían sido capturados y Eichmann estaba entre los más importantes. Lograron seguirle la pista hasta Argentina y allí fue secuestrado por la inteligencia israelí como parte de una campaña para llevar ante la justicia a todos lo que habían cometido crímenes contra la humanidad.

No había duda de que los crímenes de Eichmann fueron monstruosos, pero el hombre mismo era común y corriente. Motivó la frase *la banalidad del mal*, lo cual no significa que las acciones de Eichmann fueran banales sino que las malas acciones surgen en las circunstancias de la vida diaria. En este caso el mundo tuvo que enfrentar el misterio de cómo un vendedor viajero que había perdido su trabajo pudo transformarse en teniente coronel de la s.s., ser nombrado jefe del departamento judío de la GESTAPO y encargarse de las exterminaciones masivas de Hitler.

Como el mismo misterio se nos manifiesta a propósito del surgimiento del terrorismo, quisiera repasar algunos detalles de la historia de Eichmann. Nació en una familia alemana de clase media pero tuvo la mala suerte de que le hubiera ido peor que a su padre, que era dueño de una pequeña compañía minera. Adolf terminó empleándose y durante algún tiempo trabajó en el negocio de la familia pero más tarde se hizo vendedor viajero de suministros eléctricos. Tenía casi treinta años cuando se unió al Partido Nazi Austriaco en 1932. Era uno de tantos jóvenes descontentos por la Primera Guerra Mundial y víctima del caos económico por la Depresión, que buscaban un chivo expiatorio para su impotencia y su rabia. Hitler era la respuesta.

Habiendo perdido su empleo de vendedor, Eichmann recibió un año de entrenamiento militar con los nazis entre 1933 y 1934, pero tenía vocación de burócrata, así como talento y organización para el trabajo de oficina, habilidades que incluso un régimen de terror valora. Fue destinado al departamento de seguridad de Heinrich Himmler y se convirtió en experto en asuntos judíos. Eichmann llegó, incluso, a aprender una mezcla de hebreo y *yiddish* y en 1937 visitó Palestina, cuando los nazis contemplaban la posibilidad de deportar a los judíos a su patria sionista. (Abraham Lincoln tuvo la misma idea de devolver los esclavos al África, aunque en ambos casos la historia tomó un giro de mayor violencia.)

Al principio, Eichmann era simplemente un funcionario que controlaba los permisos que necesitaban los judíos para salir de Austria y Checoslovaquia, luego se convirtió en el oficial que supervisaba la "emigración forzosa", el programa que expulsó ciento cincuenta mil judíos que no querían dejar sus hogares. Cuando la Solución Final comenzó a ser implementada, este programa consistía en evacuación forzosa, y las habilidades burocráticas de Eichmann se desarrollaron en la perversa actividad de rodear, procesar, y transportar millones de judíos a los campos de concentración. El surgimiento de Eichmann tomó poco tiempo; en 1939, cuatro años después de haber sido nombrado por Himmler, era un perfecto genocida. Participó personalmente en el desarrollo de las técnicas de asfixia por gas para hacer eficiente el genocidio, y hay testigos que lo recuerdan asomado a la ventana observando las cámaras de gas para estar seguro de que la muerte estaba siendo administrada de la manera más rápida posible al mayor número de víctimas.

Este espectáculo de mujeres y niños gritando y agarrándose unos a otros en un esfuerzo desesperado por escapar de la muerte no afectaba a Eichmann. Como los actuales terroristas, estaba protegido por una ideología. Para él, esta era la solución para un doloroso mal social. La sagrada misión del Reich era purificar la raza. Nunca podría aceptar el calificativo de monstruo que el resto del mundo le dio (según los registros del juicio, ninguno de los criminales de guerra nazis demostró sentimiento alguno de culpa o remordimiento). Eichmann llegó a declarar que, personalmente, no era antisemita y que su preocupación era la eficiencia y la organización. Nunca se quejó por las penalidades suyas o de sus trabajadores en los campos de la muerte, pero sí se quejaba cuando no se cumplía la cuota mensual de remesas humanas.

El aspecto anodino de Eichmann le salvó la vida durante algún tiempo, pues al no haber sido reconocido cuando fue capturado al final de la guerra, logró escapar de un campo estadounidense de detenidos en 1946. Durante los siguientes catorce años utilizó una falsa identidad hasta que agentes secretos israelíes lo siguieron hasta un barrio residencial en las afueras de Buenos Aires. Su juicio, durante la primavera y el verano de 1961, concluyó con la sentencia de muerte, ejecutada el primero de junio de 1962. El cadáver de Eichmann fue cremado y sus cenizas lanzadas al mar en aguas internacionales.

La vida de este hombre tipifica muchas de las fuerzas de las que hemos hablado y cómo el caos económico y social dio un giro a su vida. Una ideología atrajo su lealtad y lo hizo ciego a la realidad. Cayó bajo el dominio del pensamiento apocalíptico sobrenatural que prometía una utopía a través de la violencia. Otros potentes factores también contribuyeron (y siguen contribuyendo), tales como el surgimiento de un líder carismático, el odio hacia un común enemigo, la llamada a la unidad racial y la humillación de la soberbia masculina. Sin embargo, no es tan fácil explicar cómo una persona común y corriente puede transformarse en un monstruo. ¿O es posible? Hace cuarenta años, el psicólogo Stanley Millgram realizó un famoso experimento en Yale. Los voluntarios entraron a una habitación y se les dijo que iban a participar en un experimento para medir la forma como el castigo afecta el aprendizaje. Cada uno debería trabajar con un sujeto llamado "el estudiante" que estaba conectado a unos cables para aplicarle descargas eléctricas y cuya habilidad para aprender iba a ser probada. El procedimiento consistía en hacer una serie de preguntas, y por cada pregunta que el estudiante respondía mal, el voluntario (o maestro) presionaba un botón para enviarle una descarga. A cada pregunta equivocada la descarga era más fuerte. Claramente estaban marcados en el cuadrante que el maestro tenía al frente, los voltajes que se estaban administrando, hasta 450; más del doble del voltaje de la corriente eléctrica que llega a las casas. Luego en el cuadrante se leía XXX.

¿Qué tan difícil le parecería tener que administrar 450 voltios en el cuerpo de una persona? Aunque Millgram escogió los sujetos en la comunidad de Yale y en los alrededores, el sesenta y cinco por ciento estaban dispuestos a aplicar la máxima descarga aunque no se sentían a gusto haciéndolo. Sus víctimas, los estudiantes, gritaban de dolor, pedían misericordia, luego venían los quejidos y, finalmente, se derrumbaban inconscientes. Aun en ese momento, el técnico de bata blanca que estaba en el salón para monitorear el experimento, les recordaba que cuando no había respuesta se contaba como respuesta equivocada y que debían administrar una descarga mayor.

La verdad es que no había descargas y que los estudiantes eran actores. Millgram no estaba midiendo la relación entre dolor y aprendizaje. Estaba midiendo la susceptibilidad de las personas comunes y corrientes a la autoridad. Sus hallazgos eran perturbadores, pero los experimentos siguientes validaron sus conclusiones: la línea divisoria entre una persona normal y un monstruo es mucho más delgada de lo que imaginamos.

En un experimento en la Universidad de Stanford, en 1971, se creó una prisión simulada en la que algunos estudiantes actuaban como guardianes y otros como prisioneros. A los guardianes les dieron rienda libre para tratar a los prisioneros como quisieran, pero el experimento debió ser interrumpido después de una semana porque el comportamiento de los guardianes excedía las expectativas. En un aterrador presagio de los hechos ocurridos en la prisión de Abu Ghraib en Irak, los guardianes humillaron a los internos que estaban bajo su custodia, los hicieron desnudar, les pusieron capuchas en la cabeza y los incitaron a realizar actos sexuales. Esto a pesar de que no había hostilidad étnica o diferencia de clase, ni animosidad a causa de la guerra. Al psicólogo que dirigió este experimento le pidieron su opinión acerca de las torturas en la prisión de Abu Ghraib por personal estadounidense y respondió así, "No se trata de poner manzanas dañadas en el barril con las buenas. Ponemos manzanas buenas en el barril de las manzanas dañadas. El barril corrompe todo lo que toca". La conciencia es, sin duda alguna, maleable. Puede hacerse que se conforme con la irrealidad, con la falsedad y con toda clase de condiciones inhumanas.

Todavía queda un motivo de esperanza porque las fuerzas que convierten a una persona en terrorista no son de este mundo. Para que alguien cruce la línea entre normalidad y monstruosidad, tienen que darse las siguientes condiciones:

Dar permiso para desconocer la moral.

Poner una autoridad cerca para que refuerce la crueldad, convirtiéndola en deber.

Organizar una jerarquía para que los rangos inferiores deban obedecer a los rangos superiores.

Crear una atmósfera de miedo.

Aplicar presión de grupo demostrando que todos los demás van bien.

Exonerar la mala acción de cualquier amenaza de castigo.

Hacer todo detrás de puertas cerradas.

Estas son condiciones específicas que pueden ser invertidas antes de que surja el peor mal. Se aplicaron en la Inquisición Española, en los juicios de las brujas de Salem y en los campos de concentración nazis. Tales horrores son la excepción, porque si se elimina la atmósfera de miedo o se instala una autoridad que prohíba la crueldad, la tortura no puede prosperar. En el experimento de Millgram, se encontró que los pequeños cambios eran extremadamente poderosos. Si la figura de autoridad revestida de su bata blanca no estaba en la habitación dando órdenes, los sujetos no estaban dispuestos a enviar a sus estudiantes descargas cercanas al nivel máximo. Si la víctima de la descarga no estaba detrás de un vidrio sino al frente de quien enviaba la descarga, esta cercanía hacía que rápidamente suspendieran lo que le estaban haciendo.

Por contraste, la metafísica del amor no necesita circunstancias especiales respaldadas por figuras de autoridad. En ausencia de una ideología distorsionante, el curso natural de la conciencia de los seres humanos tiende al amor. El amor es más fuerte que el terror porque, en últimas, todo impulso se explica desde nuestra profunda necesidad de amor. Nuestra conciencia lo sabe, incluso cuando un manto de agitación oculta la verdad. Las condiciones que hacen virar el proceso de concientización hacia el amor son simples.

Dar y recibir amor.

Sentarse en la soledad y en su propio silencio.

Sumergirse en la belleza natural.

Hacer arte y apreciar el arte en todas sus formas.

Decir la verdad, cualesquiera que sean sus consecuencias.

Reír, bailar, jugar con un niño.

Tener una salida para la alegría.

Comulgar con las emociones profundas.

Actuar movido o movida por la bondad y la compasión.

Establecer vínculos, sentirse en unión con un grupo cuyas metas son positivas.

Ofrecerse para prestar algún servicio.

El tejido de la vida cotidiana está lejos de las condiciones que crean terrorismo y, a medida que los fundamentalistas musulmanes comiencen a valorar estas cosas y a experimentarlas en lugar de la agitación generalizada, la fuerza del amor obrará paciente pero irresistiblemente para generar el cambio. No puedo decir si esto vaya a ocurrir mientras vivamos, lo cierto es que nuestras aspiraciones tienen que ver con sentirnos seguros, respetables, en paz con nosotros mismos, sexualmente gratificados y amados. Estas son las necesidades fundamentales y la verdad es que, incluso bajo las peores condiciones, la gente trata de defenderlas.

Una de las más hermosas historias de coraje a través del amor es la de Nadezhda Mandelstam, la viuda de uno de los grandes poetas modernos de Rusia. Su esposo, Osip Mandelstam, nació en 1891 y era un hombre joven en el momento de la Revolución Rusa. Pero como era inmune a las presiones del sistema soviético y su trabajo no caía dentro del estilo exigido bajo Stalin, Mandelstam se siguió lamentando de la dirección que tomaba la sociedad rusa al hundirse en el terror y la opresión.

Por este motivo fue deportado de Moscú en 1934 y luego regresó para ser nuevamente arrestado en 1938. Esta vez, Stalin lo envió a un campo de trabajos forzados y, aparentemente, murió en el camino. Su esposa recuerda que cuando recibió la noticia de la muerte de su esposo, fue el mismo día en que los escritores soviéticos recibieron, por primera vez, premios del Estado. La noticia de la muerte de Mandelstam fue recibida durante una fiesta en la que los jóvenes escritores celebraban los premios que habían recibido. Esta es su narración:

> Borracho, Fadeyev derramó una lágrima por
> M. "¡Hemos perdido a un gran poeta!" La ce-
> lebración tomó sabor subrepticio en este
> homenaje a un muerto. No tengo claro, sin
> embargo, si alcanzaban a comprender lo que
> la destrucción de M. significaba. Después de
> todo, la mayoría pertenecía a la generación
> que había cambiado sus valores en favor de
> "lo nuevo". Eran ellos quienes habían prepa-
> rado el camino al hombre fuerte, al dictador
> que tenía el poder para matar o perdonar

vidas a su propio antojo, para fijar metas y escoger cualquier medio que considerara apropiado para conseguirlas.

Nadezhda Mandelstam estaba decidida a que la poesía de su esposo sobreviviera. Todo lo que él había escrito fue prohibido y como era un crimen tener literatura prohibida, ella escondió todos los manuscritos que pudo encontrar y duró muchos meses memorizando los versos. Durante veinte años guardó silencio. El gobierno la vigilaba constantemente. Trabajó como maestra por un salario miserable, sabiendo que algunos de sus mejores estudiantes, los que le pedían que recitara uno de los poemas de Osip Mandelstam, eran espías infiltrados en su clase por la KGB. Su única seguridad era pretender que su obra había dejado de existir, que era exactamente el destino que le había sido dictado por el Estado.

Veinte años después, se produjo un descongelamiento de la Guerra Fría. Stalin fue denunciado ante el Comité Central y, por fin, Nadezhda Mandelstam pudo empezar a circular los poemas perdidos. Gracias a sus esfuerzos sobrevivió un gran artista. Sus memorias publicadas en 1970, *Hope Against Hope* [La esperanza contra la esperanza], constituyen uno de los escritos más conmovedores de la literatura moderna, un clásico de la constancia del amor. La sombra del estalinismo continúa pesando sobre Rusia cuando el gobierno central desarrolla tácticas brutales contra Chechenia, sin embargo, el amor de una mujer nos ha entregado algo que va a durar mucho más que el terrorismo o una ideología. La siguiente es una muestra del delicado trabajo de Osip Mandelstam. Aun en la traducción puedo oír una voz que resuena más allá del tiempo y de la muerte.

Una llama en mi sangre

Una llama hay en mi sangre, quemándome la vida, hasta los huesos.
No es mi canto de piedra; mi canto es de madera.
Es ligero y es tosco: hecho de un solo mástil,
el corazón profundo del roble y el remo del pescador.
Hundan hasta el fondo los pilotes: asegúrenlos con clavo
alrededor del paraíso de madera, donde todo es luz.

El cuerpo en
condiciones de paz

La solución de conflictos se ha convertido en tema de interés académico, cursos universitarios y tesis de doctorado, pero dudo que haya contribuido a la causa de la paz. Cuando le hice notar a un grupo de diplomáticos que nunca acabaríamos con el terrorismo mientras no apreciáramos al enemigo, me miraron como si hubiera perdido la razón. Muchas veces encuentro la misma reacción cuando digo que el país más seguro no debería tener ejército ni armas. (Como El Vaticano, Mónaco, Luxemburgo, Costa Rica y muchas islas del Caribe y del Pacífico, pero consideramos que se trata de casos especiales o países tan insignificantes que no cuentan.) Los conflictos no se solucionan cuando las dos partes se levantan con animosidad residual.

El camino de la paz necesita reemplazar el estilo actual de negociación, que evidentemente ha demostrado que es ineficaz. Yo estaba entre el público, cuando le preguntaron a un maestro espiritual si en el conflicto en Oriente Medio la diplomacia tendría éxito. "¿Cómo podría tenerlo?", respondió, "La diplomacia es solamente mentir con elegancia".

Un comentario que tenía aires de verdad. Cuando dos naciones en guerra se reúnen para hablar de paz, sus diplomáticos tienen que mentir acerca de lo que realmente está ocurriendo. Lo que actualmente está ocurriendo es irracional, confuso, brutal y lleno de ira, porque esa es la naturaleza de la guerra. Los periódicos de ambos países están llenos de acusaciones acerca de civiles inocentes escogidos a propósito como objetivo militar. Desde el otro lado, hay acusaciones de crímenes de guerra y atrocidades. El ambiente en la calle es de rencor y la descarada retórica de Dios y patria está en pleno arrebato.

Con el corazón entristecido se observa una cadena de supuestos triunfos diplomáticos que en realidad no fueron tal cosa. El clásico ejemplo es una famosa fotografía tomada en 1993 en los jardines de la Casa Blanca. De un lado, el líder de la OLP, Yasser Arafat, con su habitual tocado árabe y uniforme militar de color marrón, le extiende su mano al primer ministro israelí, Yitzhak Rabin, vestido con un traje oscuro. El sol brilla sobre las dos figuras aunque no tanto como la sonrisa del Presidente Clinton, reuniendo entre sus brazos abiertos a los dos grandes enemigos.

¿Cuál es el triunfo que estaban celebrando? El hecho es que estos dos adversarios nunca antes se habían estrechado la mano en público. Por fuera de la escena casi no podían tolerarse y la formal Declaración de Principios que estaban firmando aquel día era una farsa. Al poco tiempo, Rabin sería asesinado por uno de sus propios ciudadanos, mientras Arafat continuaría el peligroso zigzag de terror y negociaciones que ha ocasionado enormes sufrimientos al pueblo palestino. Más de una década después no queda ni una brizna de los antiguos acordes y no hace falta recordar que los dos lados siguen trenzados en un conflicto más sangriento que nunca.

No podemos pretender ser amigos por encima de la mesa y seguir siendo enemigos en nuestros corazones. El famoso adagio según el cual la guerra es una extensión de la diplomacia sólo tiene sentido cuando admitimos que lo contrario también es verdad: la diplomacia es una extensión de la guerra. Mentir con gracia es la fachada para una campaña de muerte que solamente se mitiga cuando ninguna de las partes puede matar a tantos enemigos como para declarar la victoria total.

Antes de Rabin y Arafat estuvo sentado Henry Kissinger en la mesa de negociación de los norvietnamitas en París. Tanto Kissinger como Le Duc Tho recibirían el Premio Nóbel de Paz en 1973 por haber acabado la guerra de Vietnam, pero dudo que hubieran mencionado, ni siquiera por un momento, lo que realmente estaba ocurriendo desde el punto de vista emocional. Si lo hubieran hecho, la posición norteamericana habría sonado así: *Soy fuerte y poderoso. Lo podría hacer desaparecer si quisiera para conseguir lo que quiero, pero algo me detiene y, por eso, le estoy dando una oportunidad que tiene que aprovechar antes de que realmente me enfade y lo destruya.* La posición norvietnamita habría sonado así: *Usted no puede hacerme tanto daño como para vencerme. Usted agredió a mi patria y a mi familia, y preferiría morir antes que verlo en mi patria. Usted cree que soy más débil que usted, pero descubrí como hacerle daño, y mucho daño.* Estos son los sentimientos que deben ser confrontados por el camino de la paz porque la paz tiene medios poderosos para convencer a las personas que consideran, equivocadamente, que la violencia es la única posibilidad.

Solución pacífica de conflictos
Cómo negociar conflictos por medio de la paz

Manifieste respeto por su adversario

Reconozca la injusticia cometida

Crea en el perdón

Establezca lazos a nivel emocional

Renuncie a las acciones beligerantes

Reconozca los valores diferentes a los suyos

No haga juicios para demostrar que su adversario está equivocado

No hable en términos de ideología

Enfrente el factor que subyace al miedo

Tan sofisticada se ha vuelto la guerra moderna, que las naciones parecen ignorar estas sencillas máximas. ¿Por qué nos tienen que recordar que respetemos a nuestros enemigos? Porque nos sentimos insultados cuando ellos no nos respetan. Nadie puede negociar con un adversario que sea altivo y despectivo. En el diálogo con el mundo árabe, la actitud de Occidente ha sido desdeñosa y no hay por ello que extrañarse de los pocos logros. Permítame respaldar cada uno de los ítems de la lista con argumentos que van más allá de asumir una actitud de guerra.

Manifieste respeto por su adversario. El error consiste en reemplazar el respeto con la fuerza. El argumento de los partidarios de la guerra es que un país se gana el respeto arrodillando al enemigo y obligándolo a respetar. En el clima actual, este argumento es el que se propone como la única forma de negociar con la mentalidad árabe. Israel adoptó esta posición cuando anunció que mataría uno (o más) palestinos por cada víctima israelí de ataques terroristas. Estados Unidos y otros países aliados aplaudieron, sin embargo el resultado evidente es que los territorios ocupados se encendieron con una violencia de la cual parece no haber escapatoria. Ahora bien, árabes e israelíes viven a muy poca distancia en Jerusalén; los palestinos que cruzan la frontera para ir a su trabajo en Israel son un factor clave en las economías de ambos lados. En cierta forma, no podrían vivir los unos sin los otros pero entre ellos no existe el más elemental respeto.

Para un observador que no pertenezca a ninguna de las dos religiones, los reclamos en relación con Jerusalén como ciudad sagrada parecen iguales. El respeto pertenece a ambas religiones. Una y otra vez he oído decir a negociadores profesionales que obstáculos aparentemente insuperables desaparecen cuando cada uno de los adversarios realmente cree que su lado es tratado con equidad. Este es un principio básico en el camino de la paz, pero si las partes en guerra no lo ponen en práctica, disputas como las que se prenden en Oriente Medio continuarán.

Reconozca la injusticia cometida. El error es creer que uno es el único ofendido. Toda disputa gira alrededor de esta percepción. Ambas partes siempre perciben que algo se les está debiendo. Si usted considera que se cometió una injusticia con usted, así mismo tiene que aceptar que existan los mismos sentimientos en el otro lado. Al final de la Segunda Guerra Mundial, como una forma de poner a Alemania de rodillas, los Aliados bombardearon la ciudad medieval de Dresde, uno de los centros de la cultura alemana. La antigua ciudad, incluyendo la famosa catedral y el teatro de la opera, fue reducida a escombros.

El efecto desmoralizador sobre los alemanes fue nulo porque la producción de la guerra aumentó. En la percepción de los alemanes y de la historia en general, los Aliados cometieron un crimen de guerra. En sus mentes, el bombardeo fue justificado porque destruir Dresde era insignificante en comparación con las atrocidades de Hitler, no obstante la injusticia cometida era real. El camino de la paz no puede seguir su curso mientras cada una de las partes no reconozca lo que ha hecho.

Crea en el perdón. Cuando es genuino, el perdón tiene un inmenso poder de sanación. Nada que la mente pueda ofrecer —excusas, una promesa de reintegro, justificaciones relacionadas con lo que es correcto y equivocado— sustituye el sentimiento de poder perdonar a alguien que nos ha ofendido. Me sigue maravillando el perdón tácito que un Japón derrotado ha manifestado a Estados Unidos desde la Segunda Guerra Mundial. Además de las dos bombas atómicas lanzadas en Hiroshima y Nagasaki, fueron muertos cientos de miles de ciudadanos japoneses en los horrendos bombardeos sobre Tokio y otras ciudades. Al menos la mitad de la población de cada ciudad murió, ya que la típica casa japonesa de madera y papel es totalmente vulnerable al fuego. Si perdiéramos la mitad de la población de Chicago, Detroit, San Francisco y todas las demás zonas urbanas en bombardeos a civiles, ¿estaríamos dispuestos a perdonar?

Después del 11 de septiembre, creo que los norteamericanos han estado esperando en furia silenciosa escuchar una disculpa que creen que merecen de parte del mundo árabe. Pero el mundo árabe está esperando en su propia furia silenciosa una excusa de parte de Occidente por la era de colonialismo humillante y el injustificable desaire al orgullo árabe después de la Primera Guerra Mundial, cuando los Aliados por cuenta propia desmantelaron el Imperio Otomano. La verdad es que también merecen una disculpa. El simple acto humano de darla no se ha producido en ninguno de los dos lados. El camino de la paz dice que debe darse.

Establezca lazos a nivel emocional. Resulta frustrante llegar a la conclusión de que las guerras comienzan porque las personas no simpatizan entre sí. Algunas veces se trata únicamente de dos individuos. En la década de 1960, los diálogos de paz de Viena entre Estados Unidos y la Unión Soviética fracasaron porque el presidente John F. Kennedy y el primer ministro soviético, Nikita Khrushchev, eran antagonistas personales.

Las emociones están directamente vinculadas con una parte subverbal del cerebro primitivo. Cuando *sentimos* que podemos confiar en alguien, eso cuenta mucho más que si simplemente *pensamos* que podemos. Al alineamiento emocional entre el presidente Ronald Reagan y la primer ministro de Gran Bretaña, Margaret Thatcher, se le atribuye la determinación de ambos países que condujo al colapso del comunismo. De otra parte, ningún líder israelí nunca se sintió emocionalmente a gusto con Yasser Arafat. El mundo lloró, en 1981, el asesinato de Anwar Sadat en Egipto, porque fue el primer dirigente árabe que logró establecer un genuino vínculo emocional con la oposición. Sin embargo, a los ojos de los fundamentalistas que lo mataron, este fue su mayor crimen. El camino de la paz nos dice que tienen que estar presentes lazos emocionales, como el sentimiento de que la confianza y la amistad son posibles.

Renuncie a las acciones beligerantes. En negociaciones convencionales un país solamente puede ganar cuando mantiene una posición de fuerza. Por este motivo es normal seguir golpeando al enemigo incluso estando sentados en un diálogo de paz. Kissinger comenzó a negociar secretamente con los norvietnamitas en un departamento en París en 1969, mientras Estados Unidos continuaba atacando. Estas primeras conversaciones fracasaron y prevaleció la posición norteamericana según la cual sólo la guerra podría conducir hacia la paz. Miles de vidas se perdieron en aras de esta creencia y el resultado final no fue la victoria ni el fin político propuesto que era salvar a Vietnam del Sur.

La razón principal por la cual seguimos creyendo que la pelea hace que el adversario se siente en la mesa de paz es que las guerras casi siempre terminan aniquilando a una de las partes. Los verdaderos diálogos de paz deberían comenzar con un cese al fuego. En el conflicto iraquí tras la caída de Saddam, Estados Unidos creyó que sin presionar sobre los insurgentes no habría esperanza de negociación, mientras cada día de lucha trajera nuevos terroristas y jihadistas al país. Pero si hubiéramos suspendido la pelea, ¿no habría considerado el otro lado que podríamos reanudarla en cualquier momento? La amenaza de la reactivación de la guerra estaría sobre el tapete. Ningún gesto habla más sinceramente a la intención de paz que si una de las partes suspende la acción bélica.

Reconozca los valores diferentes a los suyos. La sabiduría convencional dice que cuando dos partes negocian, procuran encontrar un terreno y unas razones comunes que comprometan. En realidad esto rara vez funciona. En un divorcio penoso, si a usted le toca la casa que me gustaba y a mí me tocan las obras de arte que a usted le gustaban, el resultado es un compromiso, pero no es pacífico. Después de la Primera Guerra Mundial, los victoriosos Aliados parcelaron varias regiones del mundo, entre ellas Oriente Medio, los Balcanes, Polonia, los Estados Bálticos y Renania, para satisfacer diversos intereses. Como resultado, aumentaron los resentimientos, al mismo tiempo que entraron en ebullición las rivalidades étnica y de nacionalidad. Veinte años después, la guerra mundial volvió a comenzar y, hoy todavía, estamos pagando el precio, como lo puede probar la rivalidad en los Balcanes y el mundo árabe.

Las negociaciones tienen que comenzar con un reconocimiento de que el adversario tiene valores muy diferentes de los nuestros. Si desde el principio se hubiera reconocido, por ejemplo, que Irak tiene tres regiones diferentes, cada una de ellas dominada por los sunitas, los chiítas y los kurdos, y cada una con sus propios derechos y tradiciones, no se habrían trazado una líneas arbitrarias diciendo, *Estas son sus fronteras. Ahora son un pueblo. Acepten vivir así.* Pero no podían ni podrán aceptarlo, a no ser con la ayuda de un dictador brutal porque un compromiso forzado es inútil.

En el interesante documental *The Fog of War*, el ex secretario de defensa Robert S. McNamara revive su papel en la guerra de Vietnam. Recuerda la agitación de aquélla época y su propio conflicto de sentimientos, que mantuvo en privado incluso cuando era públicamente denigrado por emprender "la guerra de McNamara". El anciano miró a la cámara y dijo, "Si hubiéramos conocido al enemigo". Mirando hacia el pasado, comprendió que Estados Unidos tenía muy poco conocimiento de las creencias y resentimientos de los norvietnamitas, sabía muy poco acerca del porqué estaban peleando o cuál era el propósito que tenían. Esta ignorancia desempeñó un importante papel en la locura de la guerra y en su trágico resultado. El camino de la paz nos dice que tenemos que conocer los valores de nuestros adversarios, porque de otra manera nunca sabremos qué es negociable y qué no lo es.

No haga juicios para demostrar que su adversario está equivocado. Casi todas las guerras comenzaron porque ambos lados creían estar en lo cierto. No hay término medio incluso cuando una de las partes está comprometida con sus creencias.

La clásica lección es la de la Guerra Civil de Estados Unidos, un conflicto que comenzó a pesar de que los sureños sabían en lo más profundo de su corazón que la esclavitud era censurable. La moral cristiana y el espectáculo de permanente sufrimiento los había hecho conscientes de que estaban cometiendo un pecado. Pero el celo abolicionista del Norte alienaba hasta a los sureños moderados. El peso del juicio contra ellos no produjo ningún cambio benéfico. En cambio, llevó a una actitud defensiva y a rechazar la negociación. El camino de la paz nos dice que no podemos esperar que se acabe un conflicto mientras un lado obligue al otro a defender sus valores.

No hable en términos de ideología. Este es un tema tan crucial que le dediqué todo un capítulo. Basta decir que las guerras resultan peores cuando se enreda una batalla entre sistemas de creencias porque éstos son mucho más viscerales que lo que el término implica. Las creencias no son electivas. Simplemente no se escogen sino que, más bien, son la forma de justificar nuestra forma de vida. La actual batalla cultural a propósito del matrimonio gay es un ejemplo. Como institución religiosa, el matrimonio ha venido decayendo desde la década de 1970. Cada vez más parejas están conviviendo sin casarse y, poco a poco, la celebración del matrimonio se ha convertido en un asunto civil, presidida por un funcionario del Estado y no por un sacerdote. La tasa de divorcio es del cincuenta por ciento, más o menos, y el estigma moral que lo acompañaba es cosa del pasado.

A pesar de estos hechos, cuando los gays manifestaron su deseo de contraer matrimonio, hubo escándalo en una considerable porción de la población: la santidad del matrimonio estaba siendo atacada; la ley natural que une a un hombre y una mujer estaba siendo violada. Ahora bien, todo lo contrario estaba sucediendo. Los gays estaban a favor del matrimonio en un momento en el que gran parte de la población heterosexual había dejado de estarlo. El mismo hecho de que la homosexualidad exista en toda sociedad y en todas las épocas indica que es tan natural como la heterosexualidad, aunque sea mucho menos común.

Ahora bien, la ideología hace que los hechos resulten irrelevantes. Los fundamentalistas que claman contra el matrimonio gay, y en general contra los gays, viven en un mundo de creencias autojustificadas. Su ferviente esperanza es que la realidad se conforme algún día con su ideología y, cuando no se conforma, luchan. Esta misma actitud fue el incentivo del comunismo durante setenta años. El Estado Soviético surgió en medio de optimismo ideológico y terminó en tragedia porque el ideal se fue convirtiendo en una mentira. El camino de la paz es suficientemente sabio para recordarnos que toda ideología debe estar por fuera de las negociaciones si se espera obtener resultados realistas para continuar hacia adelante.

Enfrente el factor subyacente del miedo. En las guerras parecería que el factor fuera la ira pero en realidad se trata del miedo. Este es un hecho difícil de enfrentar para los combatientes. Invocando rudeza e invulnerabilidad, los países en guerra nunca reconocen el miedo que se tienen. Ayudaría si lo hicieran, porque el miedo mutuo puede ser orientado. Bastaría con no seguir haciendo lo que asuste al otro lado. En el siglo XIII, los arqueros ingleses desarrollaron la costumbre de fortalecer sus flechas con puntas de metal llamadas estiletes y este nuevo avance les permitía agujerear una cota de malla a una distancia de noventa metros. También aprendieron a disparar el arco muy rápidamente, a una velocidad de veinte flechas por minuto, a diferencia de la ballesta, cuyo mecanismo había que doblar lentamente antes de poder lanzar una flecha.

Imagine el terror que sentirían los franceses, que practicaban el código de caballería, cuando descubrieron que el enemigo había cambiado las reglas. No más combates a caballo llevando pesadas armaduras. De un momento a otro, un ejército de soldados de infantería lanzando una lluvia de flechas puso fin a las antiguas formas de hacer la guerra. Esto elevó el costo de la guerra, puesto que los franceses no tenían otra posibilidad sino defenderse con las mismas armas.

¿Por qué ambos lados no se pusieron de acuerdo en que era inaceptable aumentar el miedo? Las armas continuaron perfeccionándose y siendo cada vez más atroces. ¿No era un fusil algo suficientemente atroz? Pero tuvimos que seguir con el fusil de Gatling de la Guerra Civil, el tanque blindado de la Primera Guerra Mundial y la bomba atómica. Ambos lados han sabido desde siempre que el miedo puede ser controlado. Pero por alguna razón lo ignoramos. El camino de la paz lo pone en el primer plano porque vivir en el miedo no tiene justificación. Como Freud lo expresó en pocas palabras, la ansiedad es la emoción menos aceptada. Enfrentando el factor del miedo, las naciones podrían recuperar la verdadera razón de la vida, que es buscar la felicidad y la verdad espiritual. Si se considerara inexcusable promover el miedo, las guerras desaparecerían, porque todas están al servicio del miedo, a pesar de que la ideología o la moral puedan decir lo contrario.

Si el camino de la paz ofrece soluciones tan claras al conflicto, ¿por qué nos hemos movido en la dirección opuesta durante tanto tiempo? ¿Estamos tan determinados a ser violentos que nada podemos hacer? Algunos científicos creen que nuestros cerebros contienen la capacidad de agresión y, cuando la guerra estalla, simplemente ponemos en práctica lo que está diseñado dentro de nosotros. Recuerdo haber caído en cuenta de este argumento por primera vez en la década de 1960, cuando los estudios de campo acerca de los chimpancés en estado natural introdujeron la noción de machos alfa dominantes. En el momento actual, el hecho de que los machos luchen por ejercer el dominio en todo del reino animal es un cliché, pero para aquel entonces era sorprendente leer acerca del paralelo entre el comportamiento animal y el comportamiento humano.

El macho alfa dominante tiene derecho a ser el primero en escoger las hembras para aparearse, peleando con cualquier otro macho que intente acercarse. Los chimpancés, los gorilas y los babuinos son promiscuos y, cuando las hembras están en celo, todos los machos se sienten atraídos por ellas. El macho dominante permanece en estado de alerta constante y pasa el día y las horas peleando. Para mantenerse como el macho alfa tiene que ser físicamente grande y fuerte, de temperamento agresivo y permanentemente competitivo.

Inmediatamente el paralelo entre una manada de chimpancés y una pandilla callejera resulta evidente. El hábito de confrontación física entre los machos, que data de millones de años, explica la agresión en todas las culturas. Al menos, ningún macho humano quiere quedar marginado de la lucha por el triunfo. Si el dominio en la naturaleza exige competidores egoístas, despiadados, inflexibles, ¿por qué, entonces, no aceptar ese modelo para nosotros, sobre todo si nuestros cerebros están determinados así? ¿La paz no es una fantasía biológica, una perversión de la naturaleza?

También está el asunto del territorio, que respalda este argumento. Aunque pueda parecernos que en su estado natural los animales vagan sin rumbo, realmente están al tanto de los límites de su propio territorio. Estos límites separan a las tribus de babuinos, a las jaurías de leones, a las familias de gorriones. Una vez más, los machos suelen ser responsables de proteger estos límites, alejando a los otros machos que se atreven a acercarse a la hembras para aparearse. La belleza del canto de un pájaro en la mañana no conmueve a un etólogo. El aire no está lleno de música sino de señales de alarma enviadas por los machos a los otros machos, diciéndoles, "Si oyes esto es porque estás demasiado cerca de mi territorio. ¡No te metas!" El paralelo con los humanos nuevamente resulta obvio: La guerra es territorial. Una nación invasora está tratando de apoderarse de nuevos territorios que son defendidos porque, como lo ha hecho desde siempre, así lo exige la biología.

Pero si profundizamos en la biología de la guerra y la paz, encontramos que es igualmente innato en nosotros ser lo contrario de agresivos respecto a la sexualidad y al territorio. La guerra permanente es bien conocida entre las sociedades primitivas. Excepto por una tribu de Nueva Guinea de la Edad de Piedra y cuya cultura se basaba en incursionar diariamente al otro lado del río, la antropología no indica que los aborígenes existan, ahora ni nunca, en el estado de vigilancia constante que exhiben los machos dominantes en una manada de babuinos. Los animales probablemente no tengan otra alternativa, pero nosotros sí. La sociedad humana descubrió hace mucho tiempo las ventajas de la monogamia. Hicimos del incesto un tabú para que los hijos no compitieran con los padres por los favores sexuales de la madre. Los machos aprendieron a relacionarse como amigos. Encontramos sustituto para la guerra en el combate simbólico de los deportes y los juegos. De muchas maneras, nuestras adaptaciones están encaminadas en la dirección de la paz.

Las hembras humanas tienen la menstruación, que es lo mismo que el celo o estro de nuestras parientas primates, pero hace mucho tiempo descubrimos un nuevo uso para la sexualidad: el placer. Hay muy poco placer en el contacto sexual que dura apenas unos segundos, como ocurre en los primates más inferiores, porque tienen que estar vigilando a los machos competidores. La humanidad quitó el sexo de la vista del público y lo llevó a un espacio privado, con lo cual se perdieron muchos de los aspectos relacionados con el dominio ya que otros machos no están presentes durante el apareamiento. En cuanto al efecto excitante de las feromonas, ambos sexos las producen y, sin embargo, nadie piensa que por causa de esta hormona, las mujeres sean violentas. Las feromonas constituyen el substrato químico de la atracción sexual, pero, biológicamente hablando, estas sustancias químicas participan en una compleja danza de hormonas que tienen que ver con el desarrollo de una función orgánica y con el comportamiento social. El hecho de que las hembras quieran atraer a los machos y viceversa es fundamental en una sociedad pacífica y en una sociedad en guerra. La atracción no se equipara con la lucha.

Podría mencionar muchas especificidades del comportamiento animal para respaldar el argumento de que el dominio del macho es sólo uno de los factores cómo una criatura se adapta al medio ambiente. Se desconoce, por ejemplo, que los machos alfa no son tan exitosos. Los machos jóvenes algunas veces se meten a hurtadillas y procrean, como evidentemente tienen que hacerlo para que la línea genética se mantenga fuerte. Había que ver el asombro de los observadores de pájaros cuando se descubrió que la hembra del gorrión no es fiel. Después de aparearse con un solo macho, invita a otros machos aprovechando que su compañero no

está y el compañero nunca se da cuenta. Otra noción sentimental mandada a recoger.

Los animales cooperan tanto o más de lo que compi-
ten. La interdependencia es crucial en un ecosistema equili-
brado. A pesar del instinto de supervivencia, todas las especies han aprendido a compartir el territorio y la comida. El
león quiere devorar la gacela pero no puede permanecer a
todas horas esperándola cerca del pozo. Los leones prefieren dejar que beban las gacelas pues, de lo contrario, su presa se moriría de sed. Los cuclillos arrojan de los nidos los
huevos de los otros pájaros para reemplazarlos con los suyos, pero este comportamiento no es frecuente. La norma
es respetar los nidos. En una forma profundamente intrin-
cada, el orden animal ha aprendido la solidaridad, el altruismo y otras de las llamadas funciones superiores que facili-
tan la supervivencia. El original concepto darwiniano de la
supervivencia del más apto ("La naturaleza de colmillos y
garras") no es, si es que alguna vez lo fue, una verdad absoluta. La naturaleza es una danza de adaptaciones que resultan increíblemente flexibles e ingeniosas cuando se observan con toda atención. La evolución es creativa. La crueldad
o el egoísmo se ubican al lado de muchísimas otras conductas.

¿Si no hemos sido predeterminados para ir a la guerra,
por qué lo hacemos? Los etólogos no pueden estar del todo
equivocados. En 1930, hacia el final de su carrera, Sigmund
Freud publicó el más pesimista de sus libros, *Civilization and*

Its Discontents. Era una época de profunda agitación social y algunos años después, Freud fue expulsado de Viena por los nazis. Freud consideraba la agresión como un impulso innato. Si fuéramos honestos con nosotros mismos, comentó irónicamente, tendríamos que admitir que nada nos produciría un mayor placer que ver a nuestros enemigos colgando del árbol más alto.

Pero habría una razón aun más profunda para ser más pesimistas acerca de la tendencia humana hacia la violencia. A los ojos de Freud, las costumbres de la sociedad, que son pacíficas y cooperativas, contradicen lo que nuestra psiquis realmente quiere hacer, que es encontrar un número infinito de salidas para los impulsos biológicos del sexo y de la agresión. En el nivel del inconsciente, afirma, todos representan esta contradicción. Estamos divididos entre lo que queremos hacer y lo que debemos hacer según una moral que prohíbe el incesto, la guerra, la promiscuidad sexual y la violencia desenfrenada. Procuramos conformarnos a la civilización porque nos conviene vivir legalmente y en paz con los demás, pero los impulsos primarios del Id (que en latín significa "esto"), la parte de nosotros que no atiende a la razón, plantea un inmenso y quizás insuperable obstáculo para portarnos en forma civilizada.

Quizás porque creía que la agresión es innata y que no se puede superar, la mirada de Freud al fascismo que estaba en decadencia fue especialmente fría; sin embargo el tipo de determinismo que maneja tiene el mismo atractivo que otros argumentos deterministas. Tiene un aire de ser objetivo y científicamente válido. Saca al individuo del apuro por tener una conducta violenta porque "esto" me lo hizo hacer (pensemos en la forma como automáticamente atribuimos el comportamiento de los adolescentes a las hormonas alborotadas). "Esto" podrían ser los genes, el cerebro inferior, el Id de Freud o alguna otra causa. El determinismo es confortante en su simplicidad. Por ejemplo, un eslogan como "Los hombres son de Marte, las mujeres son de Venus", explica fácilmente la batalla de los sexos.

Todos los argumentos deterministas muestran la misma evidente debilidad: no aceptan que los individuos puedan romper el patrón predominante. Sin duda, hay varones que no son agresivos ni egoístas, y otros que comprenden a las mujeres y empatizan con ellas. También hay personas espirituales que trascienden la violencia. Por ello, nos vemos obligados a preguntar, ¿cómo lo lograron? De alguna manera, estas personas traspasaron la biología y, por lo tanto, no es posible pretender que la biología determina el comportamiento. A pesar de que el arte tiene raíces primitivas, sería una estupidez considerar *La Última Cena* de Leonardo como un producto de la biología. Es el mismo tipo de simplificación que atribuir la guerra a la biología. El arte y la guerra son creaciones sociales complejas que se expresan a través de los individuos, cada uno de los cuales es una mezcla única de biología y otros muchos factores.

Dado que todas las culturas producen arte, hacen el amor, cuidan a los menores, dan culto a Dios y sienten asombro, ¿por qué darle predominio a la violencia sólo porque está generalizada?

El camino de la paz no niega la biología. Es indiscutible que la violencia es parte de nuestra naturaleza. Siendo honestos, muy probablemente usted y yo nos hemos sentido más fascinados por la guerra de lo que quisiéramos admitir. Nuestros cerebros han absorbido imágenes de cuerpos amontonados en Auschwitz y de kurdos asesinados con gas venenoso en Irak; niños huyendo del napalm en Vietnam y africanos muertos a machetazos en Ruanda; el cadáver de un soldado estadounidense arrastrado desnudo y mutilado en las calles de Somalia y otros muchos hechos incalificables de violencia. Esas imágenes fueron metabolizadas por nuestras células. Almacenadas como memoria, nos producen pesadillas y nos hacen sentir culpables, pero también afectan el inconsciente. Ahora bien, el cerebro no está aislado. Cada célula es inteligente y, a través de un flujo constante de moléculas, el corazón, el hígado y los riñones, para no mencionar el sistema inmunológico y las glándulas endocrinas, también han absorbido las mismas imágenes horribles.

No es necesario estar en la línea de batalla para experimentar los efectos de la guerra. En un laboratorio se pueden estudiar los cambios en los signos vitales de un sujeto expuesto a las imágenes de la guerra. Usted y yo hemos vivido esta situación desde que nacimos. Cuando vi los deprimentes videos de Daniel Pearl, el periodista de *The Wall Street Journal* secuestrado y finalmente decapitado por jihadistas en Pakistán, sentí que mi corazón latía más rápido por la ansiedad y, aunque un aumento en la presión sanguínea no es algo de lo cual uno pueda darse cuenta, supe lo que me tenía que estar pasando. En muchas formas invisibles mi cuerpo ya no estaba en paz. En esos momentos me identifiqué con la dramática situación en que se encontraba este valiente prisionero.

En un argumento más esotérico, yo diría que la violencia contamina el cuerpo emocional, concepto que no aceptaría la corriente dominante de la medicina, pero que no es necesario que lo haga. La resonancia magnética ofrece evidencia física de que cerebros expuestos a un gran estrés funcionan de manera diferente a los cerebros normales, bien sea que el estrés sea emocional o físico. Estas imágenes cerebrales obtenidas por resonancia magnética son sólo una pieza más del rompecabezas, porque el estudio de las hormonas indica que altos niveles de cortisol y adrenalina (las llamadas hormonas del estrés) tienen un efecto degenerativo en el proceso de envejecimiento.

En síntesis, el cuerpo en estado de paz no es lo mismo que el cuerpo en estado de guerra. Cuando obramos desde nuestros cuerpos en estado de guerra, el mundo no es el mismo que cuando obramos desde un cuerpo en estado de paz. En el primer caso, encontramos que por todas partes hay peligros y amenazas. Las hormonas del estrés son

catabólicas, es decir, interrumpen el metabolismo y destruyen los tejidos en lugar de construirlos. Brotes de miedo,
acompañados por un aumento de adrenalina, producen un
efecto degenerativo. Esto se hace notorio en los rostros
cadavéricos de ciudadanos en cualquier lugar, como Sarajevo,
donde el cerco ha sido demasiado largo y el cuerpo está
más allá de su capacidad de aguante.

El cuerpo en estado de guerra se encuentra más dete-
riorado cuando se dan estas condiciones:

La violencia del entorno es inevitable.

Los brotes de violencia son fortuitos.

No se tiene control sobre la violencia.

Se descubrió en las trincheras de la Primera Guerra
Mundial que la fatiga de combate no es una prueba de carácter. A cualquier soldado expuesto durante largo tiempo
al fuego de artillería y privado de descanso, le da neurosis
de guerra. Pero en la Primera Guerra Mundial siempre había
un punto donde se detenían los disparos. Hoy no somos
tan afortunados. Cada noticia relacionada con el terrorismo
nos recuerda que los tres factores existen en nuestro país:
no es posible escapar de la amenaza, los ataques son fortuitos y ningún individuo tiene control sobre el resultado. En la
película *Fahrenheit 9/11*, la acusación es que estos factores
son manipulados por políticos inescrupulosos. Los niveles
de alerta con los que nos hemos familiarizado, que van del

verde al amarillo, al naranja y al rojo, no son alertas sino un barómetro del miedo que puede ser usado en forma indiscriminada por los que andan en busca de poder.

Dado que estos niveles de alerta se convierten automáticamente en niveles de ansiedad por nuestros organismos, es predecible que con el tiempo pierdan su efecto. Una especie de fatiga civil de batalla ha hecho su aparición y la gente que antes se sentía excitada por las amenazas está empezando a encontrar agotador el estado de amenaza constante. Experimentamos las mociones para estar en alerta mientras la realidad es que es difícil mantener el estado de alerta incluso en los niveles mínimos.

Sería mal recibido para las autoridades oír que el cuerpo en estado de paz es más fuerte que el cuerpo en estado de guerra. Cuando usted puede liberarse del estrés incontrolable que está siempre presente, su cuerpo comenzará a estar en paz. La medicina moderna ha descubierto que el amor aumenta la respuesta inmune. Un experimento que consistía en presentar a algunos sujetos escogidos al azar una película de la Madre Teresa demostró que sus sistemas inmunológicos respondían inmediatamente. El aumento de una inmunoglobulina llamada IGA comprobó que la exposición al amor realmente aumentaba las defensas del organismo. Esto ocurría independientemente de si los sujetos estaban de acuerdo con la Madre Teresa o no lo estaban. El amor, pues, tiene el poder de cambiar nuestros cuerpos tanto como la violencia, pero en una dirección positiva. La gente que se siente amada vive más tiempo, sufre menos resfriados, tiene la presión sanguínea normal, tiene menos posibilidades de sufrir de cáncer y las enfermedades al corazón son menos frecuentes. Los viudos que han perdido al cónyuge y comienzan a sentir que no son amados y que están solos, manifiestan todas estas aflicciones y viven menos. Usted no puede usar el estrés, en forma de permanentes recordatorios de terror, para crear paz en el cuerpo. Sencillamente, los mecanismos no están allí.

Poner el cuerpo en estado de paz

No se instale en acontecimientos estresantes

Evite aficionarse a las malas noticias

Ponga el miedo en perspectiva

Piense que los resultados positivos son posibles

Discuta con otras personas cómo se siente y trabaje con ellas para modificar el estrés

Mantenga el control cuando pueda y no se deje dominar por el caos

Permanezca centrado o centrada y cuando pierda el centro, tómese el tiempo necesario para recuperarlo

Busque una salida para su ira y su ansiedad

Estas son sugerencias de sentido común pero me pregunto cuántas son las personas que las utilizan. Por cada reunión en la que dos amigos se quejan porque están viviendo una época de guerra y terror, debería haber también una reunión en la que especularan acerca del mejor camino para encontrar la paz. En una época de crisis, poner el cuerpo en estado de paz puede parecer un oficio de tiempo completo. Un amigo me habló acerca de este tema. "Había dormido hasta tarde cuando ocurrieron los hechos del 11 de septiembre. Me despertaron llamadas telefónicas histéricas y, cuando prendí la televisión, me impactaron las escenas de caos y destrucción. Ahora bien, de alguna manera me sentía inmune. Después de veinte años de meditarlo, pude sentir empatía con los sentimientos de dolor que las personas estaban experimentando, pero me sentía orgulloso de estar por fuera para enviarles una luz y una energía que pudiera aliviar en lugar de quedarme llorando con ellos.

"Poco a poco este estado cambió. Me convertí en un adicto a las noticias. Me aficioné a los detalles de la guerra en Afganistán, le seguí la pista a las familias de las víctimas después del 11 de septiembre y escuché cada palabra de las grabaciones del *jet* que fue bajado sobre Pensilvania, así como los mensajes que dejaron en los teléfonos las personas que estaban en las Torres Gemelas y sabían que iban a morir.

"Yo deseaba con vehemencia esta información. Quería permanecer enchufado. Pero entonces comenzaron a ocurrir cosas que yo no quería que ocurrieran. Comencé a tener sentimientos negativos y a obsesionarme con fantasías de venganza contra esos terroristas bastardos. La idea de ir a la guerra se me coló.

"¿De nada habían servido todos esos años de meditación? Como cualquier persona tengo que luchar contra la oscuridad. Cuando me di cuenta de lo que estaba pasando, cambié de idea. Ya no soy un adicto a la guerra y es sorprendente ver cuántas personas lo son. Me parecen irreales. Supongo que la única ventaja que tengo sobre la mayoría de la gente es que sé que no puedo permitir que triunfe la oscuridad y mi visión espiritual me dice que no lo logrará".

La vida espiritual consiste en encontrar un centro y mantenerse en él. El negativismo puede convertirse en su centro si se mantiene en la creencia de que estamos en guerra y hay que exterminar a nuestros enemigos. Este núcleo de determinación es psicológicamente real, pero no es su núcleo.

Hay que enfrentar el hecho de que no sólo nuestro cuerpo, sino el cuerpo político se afecta con la violencia. Cuando descubrimos que la guerra y la violencia son una fijación, estamos apropiándonos por empatía de lo que otros sienten. Esta ósmosis no es en sí misma malsana. La conciencia colectiva es parte de cada uno de nosotros. Pero no es el verdadero yo, y si nos equivocamos acerca de lo que los demás sienten por lo que nosotros sentimos, usted y yo estamos poniendo el cuerpo en estado de guerra por una razón equivocada: porque todos lo hacen.

Mi amigo que fue absorbido por la histeria de la guerra reversó el proceso: Comprendió que no valía la pena estar al día con algo negativo. Volvió atrás para preguntarse cómo quería realmente sentirse. A diferencia de lo que otros pudieran experimentar, personalmente él experimentaba la guerra como estrés, como una condición negativa que nadie lo estaba obligando a experimentar. Entonces dejó de tener mentalidad de guerra.

Decir todo esto no es lo mismo que vivirlo. Hay que poner el propio cuerpo en estado de paz y, luego, en ausencia de la agitación, buscar a qué aferrarse. La espiritualidad que no está centrada en la paz resulta muy limitada.

Conocí hace poco un hombre que tiene notables dones de sanación. No tiene que tocar a la persona enferma, simplemente la señala con el dedo y comienza a temblar, a ver una fuente de luz interior y a perder la fuerza para mantenerse en pie. Estos son los síntomas clásicos de curación por la fe. Este hombre es capaz de erradicar la enfermedad, cualquiera que sea la explicación que se dé. Pero al tratarse de la guerra, me dijo con determinación que apoyaba los ataques contra los países terroristas y que creía firmemente que Irak tenía armas de destrucción masiva que ocultaba astutamente a la espera de la guerra. "Voto por Bush porque es el que más probablemente nos va a mantener a salvo", dijo, haciendo eco a las palabras de la propaganda política más que a los pensamientos de una persona que ha confrontado su propia oscuridad.

Un número suficiente de hombres y mujeres es partidario de matar al enemigo. La beligerancia y el miedo no necesitan su ayuda, en caso de que pensemos que estamos en peligro inminente de un estallido de paz. Incluso si las armas nucleares son retiradas de Corea del Norte o Irán, vale la pena tener el cuerpo en estado de paz. Puede servir para devolver el mundo a la sensatez. El argumento básico es que el cuerpo en paz es normal mientras que el cuerpo en guerra no lo es.

Nuestra mayor esperanza

¿Qué hace usted en una situación desesperada? ¿Cómo puede la esperanza venir una vez más en su ayuda? El camino de la paz tiene que responder a estas preguntas. La esperanza es emocionalmente necesaria en una crisis. Esta es una de las maneras como nuestras mentes nos protegen. Sin embargo, la esperanza tiene dificultad para hacerse sentir cuando cada desastre es instantáneamente comunicado alrededor del mundo. Y la esperanza es difícilmente pura. Está siempre mezclada en la "jerarquía enredada" con otras emociones, incluso las contrarias a la esperanza, como la desesperación, el miedo, la ira y la venganza.

Debido a este enredo, la esperanza ha sido con frecuencia un manto para ocultar la violencia. ¿Cuántas veces hemos oído a los políticos, en las vísperas de la guerra, tomar el micrófono para expresar cuán fervientemente esperan la paz? Hay que admitir que flaco servicio se le presta a la esperanza incluso cuando un enemigo es llevado a la desesperación y aniquilado sin misericordia.

Hemos perdido contacto con la realidad de la esperanza, una fuerza poderosa cuando su origen es espiritual pero que, de lo contrario, es engañosa. Para explicar lo que quiero decir, permítame relatar una historia de esperanza médica. Recientemente me encontré con un paciente de cáncer que sentía que gozaba de buena salud hasta que un día encontró dificultad para encontrar las palabras correctas cuando quería decir algo. Hablaba enredado y un día se cayó contra una pared porque no podía guardar el equilibrio al atravesar la habitación. Fue llevado al hospital, le tomaron una resonancia magnética y unas horas después recibió la noticia de que tenía un tumor cerebral de carácter masivo.

Los cirujanos intervinieron, pero cuando se dieron cuenta de la malignidad, cerraron el cráneo sin extirpar el tumor. El paciente tenía un blastoma glial, la forma de cáncer cerebral de más rápido crecimiento y la más mortal. El tumor ya se había extendido, por fuera de la masa original, hacia otras regiones del cerebro.

"Cuando recibí la noticia, todos se echaron a llorar y yo podía sentir el pánico que había en la habitación", recuerda. "Por alguna razón no sentí miedo. Le pedí a mi familia una sola cosa, que creyeran que no los iba a abandonar. Con voz trémula, aceptaron y se fueron. Yo me quedé solo en la cama del hospital y mi mente estaba muy tranquila. Mi único pensamiento era: ¿Cómo voy a salir de esto?

"En ese momento percibí un resplandor que provenía de un rincón de la habitación y, a medida que lo miraba, era cada vez más brillante. Reconocí la forma de una mujer rodeada de caras. Me parecía reconocer esas caras y ellas parecían conocerme, pero no podía ponerles nombres. La señora me dijo que me iba a mejorar y, después de decir esto, la luz comenzó a apagarse y desapareció.

"Por primera vez en muchas noches pude dormir y cuando me desperté me sentía más fuerte. La enfermera del turno de la mañana entró y yo le conté que había visto una aparición. Como su respuesta fue, 'Yo sólo estoy aquí para tomarle el pulso', se me ocurrió que sería mejor si no contaba esta experiencia. Decidí enviar mi resonancia magnética a todos los centros de cancerología pero todos se negaron a darme tratamiento y, lo más que me dijeron, fue que podía irme a casa, que comprara pañales y que esperara el fin.

"Pero finalmente encontré un especialista en tumores cerebrales y de médula que aceptó recibirme. Me hizo esperar dos semanas, seguramente pensando que no alcanzaría a vivir para cumplirle la cita. Pero cuando me atendió me inició una nueva quimioterapia para impedir que mi blastoma siguiera creciendo y, al menos, conservara su tamaño actual. Nada me prometió, pero yo sentí en mi interior que no necesitaba promesas.

"Comencé un tratamiento de un mes con píldoras que costó veinticinco mil dólares. Por alguna razón no hubo efectos colaterales o fueron muy pocos. Cuando me tomaron la siguiente resonancia magnética, el tumor había desaparecido. Todos quedaron atónitos y maravillados. Otros pacientes en mi condición habían muerto a pesar de la nueva droga; menos de uno de cada diecisiete mil vive más de seis meses.

Estoy feliz de poder comunicar que he podido vivir cuatro meses más de esos seis meses y, aunque sigo recibiendo tratamiento, me siento más esperanzado que nunca".

Cuando la esperanza sirve como medio de interiorización, más allá de lo que alguien pudiera predecir o creer posible, es una fuerza espiritual. Esta historia tiene algunas características de casos similares de recuperación:

La persona no tiene miedo.

Surge la creencia de que algo extraordinario va a ocurrir.

La búsqueda de curación no depende de opiniones externas.

Con frecuencia se manifiesta una certidumbre inconmovible de encontrar curación.

Estas mismas cualidades se aplican a cualquier situación considerada sin esperanza por la mayoría de los observadores. Para revivir la esperanza, hay que encontrar un camino hacia lo extraordinario. Esto requiere un cambio de tipo personal, por cuanto todos nos hemos acostumbrado a un tipo de esperanza que no es eficaz. Analicemos estas dos frases:

Mi esposo nuevamente me golpeó anoche, pero tengo la esperanza de que no lo volverá a hacer.

Mi madre era alcohólica y recuerdo que yo tenía la esperanza de que iba a dejar de beber.

¿Qué reacciones se le vienen a la cabeza al leer estas palabras? Imagino que la mayoría podría reaccionar inmediatamente con pesar y simpatía, pero otros, especialmente si han vivido situaciones similares, pueden sentir una oleada de ira. O se puede juzgar en forma negativa la pasividad y la codependencia. Esperar simplemente que una alcohólica se recupere, ahora lo sabemos, es una forma de reforzar la adicción, tal como esperar que un abusador pueda dejar de hacer daño es lo mismo que convertirse en víctima.

Hace cincuenta años, los psicoterapeutas mejor preparados no les decían a las familias de alcohólicos que dejaran de hacerlos sentir como minusválidos y a las mujeres que eran víctimas de violencia doméstica se les decía que permanecieran en el matrimonio por el bien de los hijos. Los actuales psicoterapeutas dicen prácticamente lo contrario, a pesar de que la policía no ha podido hacer mayor cosa acerca de un hombre que golpea a su esposa, excepto ignorarlo.

La violencia necesita ser abordada con esperanza porque, en el fondo, una persona violenta es una persona sin esperanza. Se habla de las "viudas negras" de Chechenia y otras mujeres musulmanas alrededor del mundo que están dispuestas a ser atacantes suicidas con explosivos. ¿Cómo deberíamos sentirnos respecto a esas mujeres? La forma como las vemos dice mucho acerca de nuestra conciencia. La visión más común es considerarlas como las peores terroristas, fanáticas e irracionales, entregadas a una religión que les promete el paraíso como premio al martirio. La siguiente reacción más frecuente es considerar que se han desviado en su fe. Esta visión es la de quienes defienden que el islamismo es una religión pacífica que condena el suicidio y considera como un pecado matar inocentes. Estoy seguro que, en el frente de batalla, esas mujeres son presa de intenso miedo. Para un joven soldado de Estados Unidos, ver a las mujeres cubiertas con velos negros e idénticas la una a la otra, representa la posibilidad de que todas ellas puedan ser atacantes suicidas con explosivos. Es el porqué a algunas inocentes mujeres iraquíes les han disparado al pasar los puestos de control estadounidenses después de la señal de detenerse. La excusa de que no podían leer las señales o que las órdenes verbales fueran dadas en árabe enredado, es demasiado débil. Mejor dispararles que exponerse a que fueran fanáticas irracionales.

La visión menos común es que estas mujeres han perdido toda esperanza. Como con la violencia de pandillas en el *ghetto*, los que no tienen esperanza pertenecen a una subcultura y el comportamiento de dicha subcultura tiene vida propia. Uno de los más violentos pandilleros de Los Angeles se hizo famoso por haber amputado los miembros de los integrantes de una pandilla rival. "Monstah", como se le conocía, fue capturado por la policía y enviado a una cárcel de máxima seguridad por el resto de sus días. Resultó que era una persona inteligente que provenía de un entorno supremamente pobre. Su padre había abandonado a la familia antes de que él naciera y la vida en un suburbio de Los Angeles le había enseñado a Kody Scout —este era su

verdadero nombre— que sólo podría sobrevivir convirtién-
dose en el macho más brutal en una subcultura en la que
las drogas, el acoso de la policía y la ley de la jungla eran las
normas habituales.

Para Monstah, la violencia se convirtió en una forma
de afirmar poder y adquirir estatus. Funcionó por algún
tiempo, mientras se convirtió en la "superestrella del *ghetto*"
y luego consiguió el fin que era predecible. Era un sociópata,
que no sentía remordimiento alguno por los asesinatos que
había cometido. Pero, ¿qué hizo que un sociópata se con-
virtiera en modelo de estatus, poder y respeto entre sus
pares? La respuesta es la incuestionable desesperanza que
se daba en aquel ambiente. En muchos lugares del mundo,
la desesperanza es un hecho cotidiano. Palestina, Sudán,
Colombia (un país que continúa teniendo la tasa más alta
de asesinatos del mundo a pesar de la ayuda en dinero y
asistencia militar de Estados Unidos), y Ruanda vienen inmediatamente a la mente.

Tal como la "jerarquía enredada" ha hecho que los norteamericanos comunes y corrientes lleven una vida normal
rodeados de las espantosas armas que hemos desarrollado
y la posibilidad de que puedan ser usadas contra nosotros,
las personas comunes y corrientes de esos lugares tienen
que intentar llevar una vida normal en medio de la desesperanza. Así es como la esperanza se da la vuelta. Puede proteger un problema y empeorarlo. Sin duda, una de las más
difíciles emociones es la desesperanza y hay que encararla

para poder entender la esperanza misma. Analicemos estas dos frases:

Toda mi familia fue asesinada en Bosnia, pero guardo la esperanza de que la lucha se acabe.

Mi padre me enseña a fabricar bombas, pero tengo la esperanza de no tener que explotar con ellas.

Estas afirmaciones suenan dolorosamente inocuas. No son, sin embargo, exageradas o imaginarias. Alguien, atrapado por la violencia, las está pensando en este momento. A finales de la década de 1980, Europa y Estados Unidos se hicieron a un lado y permitieron que muchos miles de mujeres bosnias fueran violadas y asesinadas, esperando que la diplomacia y la presión internacional pondrían fin a la política de limpieza étnica de los serbios. ¿No es un mal uso de la esperanza?

Lo importante es no desesperar, pero dado que en nuestra actual condición nos desesperamos tan fácilmente, para evitarlo es imprescindible profundizar en la dimensión espiritual de la esperanza. El maestro y místico sufi, Meher Baba, anotó en cierta ocasión, "El único prerrequisito para la iluminación es la completa desilusión". La ilusión nos mantiene en las garras del engaño. Nos lleva a confiar en los falsos amigos en lugar de confiar en los verdaderos. Si usted abre los ojos para descubrir cuándo la esperanza es engañosa, está avanzando espiritualmente, porque una vez que el espíritu puede alcanzar la realidad no necesita la esperanza.

La esperanza engañosa

Cuando se confunde con el engaño

Cuando es lo mismo que apatía

Cuando oculta los conflictos

Cuando obliga a sufrir en silencio

Cuando victimiza

Cuando impide la realización

Todas estas condiciones suelen darse juntas, sin embargo, pueden ser tan sutiles que pasan desapercibidas. Tengo un amigo que creció en una familia próspera. De niño era sensible y maduro para su edad. Su madre suele decir que a los seis años era como un pequeño adulto. Sobresalió en el colegio, se graduó en una universidad Ivy League e hizo una carrera exitosa. De niño había aprendido que algo no funcionaba en su hogar y era algo que tenía que ver con su padre. "Una noche, cuando me había ido a dormir, lo escuché gruñir entre dientes y muchas mañanas me desperté oyéndolo destapar una botella de vodka. Sabía que esto no era normal. Sabía que no eran buenos sus ataques de ira y la distancia que establecía con las demás personas. Pero cuando cumplí diez años mi madre me confesó el secreto de familia: papá bebía excesivamente.

"A partir de ese momento se me nubló el corazón. Comencé a odiar a mi padre y a sentir una intensa simpatía por mi madre. No era fuerte, pero tenía dos cualidades: paciencia amorosa y aceptación silenciosa. Como esta era su forma de enfrentar el problema, yo le seguía la idea o intentaba hacerlo. No podía encontrar una razón válida para amar a mi padre, pero aprendí a ser bueno.

"Y la bondad pagaba. Crecí y me fui de la casa. Me fue bien. Construí mi propia familia. Si de algo me sentía orgulloso era de tener bebidas alcohólicas en casa y no abusar de ellas. Nadie podría pensar que tuviera antecedentes de alcoholismo".

Mi amigo se dejó guiar por la esperanza de su madre, una mujer que no disponía de ninguna otra herramienta. Pero la conclusión, a la cual llegué años después, es que su esperanza era engañosa.

"Había ido a que me extrajeran una muela. Tenía entonces treinta y dos años. No me sentía especialmente nervioso. No tenía dolor pero había que sacar la muela. Cuando el dentista y su asistente se agacharon para atenderme, vi los rostros de mi padre y de mi madre.

"De pronto reconocí que había sido la víctima de una colusión. Mi padre malo y mi madre buena habían unido sus fuerzas sin que yo me diera cuenta. En ese instante se me vino un pensamiento inconcebible: ellos me robaron mi infancia. Podrían haber hecho un mayor esfuerzo por consentirme y por conocerme, pero no lo hicieron. Escogieron, en cambio, robarme. En la silla del dentista, vi la verdad de estos hechos. Era una verdad que yo no podía cambiar y que mi familia no querría admitir".

En esta historia puedo ver el valor de alguien que pudo hacerle frente a la falsa esperanza y luego emerger con verdadera esperanza, que es la que se fundamenta en el conocimiento de sí mismo o de sí misma. El momento de reconocerlo fue doloroso pero decisivo para poderlo liberar.

La mejor esperanza, en cualquier situación, sigue ciertos principios.

La auténtica esperanza

Desenmascara el engaño

Inspira para acabar con la apatía

Enfrenta el conflicto

Pone fin al sufrimiento silencioso

Cambia la situación de la víctimas

Facilita la realización

El camino de la paz incluye todas estas cosas y, si alguien quiere ofrecer esperanza en un lugar como Irak, Sudán o Colombia, estos principios pueden funcionar.

Desenmascara el engaño

El engaño es creer que las cosas pueden mejorar si no hacemos nada. No es, sin embargo, un mecanismo simple. ¿Nos estamos engañando creyendo que palestinos y judíos pueden vivir juntos, o se trata de la mejor esperanza que merece ser buscada? ¿No estamos engañando creyendo que Oriente Medio puede liberarse de los fanáticos religiosos que controlan los diálogos en estos países, o se trata de una visión del futuro que debemos mantener? Ninguna respuesta puede considerarse como la verdad, pero si desenmascaramos el engaño, hay lugar para la esperanza.

Es engañarnos decir que en una discusión siempre tenemos la razón mientras el otro siempre se equivoca.

Es engañarnos pretender que no sentimos miedo.

Es engañarnos declarar que deseamos pagar cualquier precio en términos de sangre para conseguir lo que queremos.

Es engañarnos actuar como si el otro lado no existiera y no tuviera derecho a hablar.

Es engañarnos decir que no tenemos nada en común con el enemigo.

La guerra no se acaba porque los países se esconden detrás de estos engaños. Se considera demasiado difícil aceptar la humanidad común. Un país tendría que decirle al otro, "Tengo el mismo miedo suyo". Sé que luchamos porque queremos lo mismo pero ninguno de nosotros lo va a conseguir. Tenemos que sentir con el otro y tratar de solucionar nuestras diferencias. Los diplomáticos podrían decir cosas así, pero saben que sería acabar su carrera.

El engaño se mantiene porque se confunde con la fuerza. Un axioma en psicoterapia es que lo que no se reconoce no se puede comprender y lo que no se comprende no se puede sanar. Cuando un país asume una postura de duro y fuerte, sin admitir debilidad ni dar cuartel, el resultado a corto plazo puede ser un aumento en la confianza, pero el resultado a largo plazo es más violencia. Mientras escribo, el presidente Putin ha solicitado mayores poderes en la actual crisis con Chechenia. Ha suprimido la libertad de prensa, ha puesto freno a las opiniones adversas en la televisión estatal, ha arrestado a los enemigos de las reformas económicas y ha prometido aniquilar cualquier acción rebelde contra Moscú, como los actos terroristas o cualquier otro crimen. Este es un ejemplo de la forma como el engaño lleva a tomar medidas desesperadas, ya que el argumento de que la violencia hay que enfrentarla con más violencia ha sido desastroso a lo largo de la historia. La única cosa que Putin se niega a admitir —que las quejas del enemigo son legítimas— es la única cosa que debe surgir del velo del engaño para que el círculo de violencia pueda romperse.

Lo que se resiste persiste; lo que se siente, se puede sanar.

Inspirar el final de la apatía

La apatía ha sido considerada como una falla moral o una negativa a cumplir un deber. La apatía de los votantes, por ejemplo, es acusada por su excesivo poder para fortalecer grupos como el fundamentalismo cristiano. Con mayor frecuencia, sin embargo, la apatía es un síntoma de estar agobiados. Si se coloca un ratón de laboratorio sobre una placa que emite una descarga eléctrica, al aplicar un choque leve en intervalos de pocos minutos, al principio el animal reacciona saltando cuando recibe el choque y tratando de escapar. Pero si se siguen aplicando las descargas, los esfuerzos por escapar se debilitan y se vuelven erráticos. Finalmente, al aplicarle una mayor cantidad de descargas y de mayor intensidad, el ratón se queda totalmente quieto.

El choque de la actual violencia produce el mismo efecto en los seres humanos. Vietnam fue la primera guerra televisada. Frente a las imágenes de muerte y destrucción no podíamos dejar de reaccionar. Pero las imágenes continuaron y cada vez eran más dolorosas (como aquella fotografía que partía el alma de una niña vietnamita víctima de un ataque de napalm corriendo desnuda por una carretera). Uno de los principios que fundamenta el pensamiento oriental es que cada persona posee un cuerpo emocional que, como el cuerpo físico, también puede ser herido. Las cicatrices físicas impiden el crecimiento de tejido nuevo, interrumpiendo el proceso de verdadera curación que permite que surja nueva vida y se produzca nuevo crecimiento.

Las imágenes del horror han dejado cicatrices en nuestros cuerpos emocionales y, como los ratones sobre la placa de las descargas eléctricas, hemos dejado de reaccionar, no importa qué tan intensa pueda ser la siguiente descarga. El resto de nuestra psiquis se organiza alrededor del tejido cicatrizado de igual manera como la piel crece alrededor de una cicatriz física. Ante el cuadro de torturas proveniente de la prisión de Abu Ghraib, en Irak, no hubo una honda reacción emocional. Las personas se impresionaron, se sintieron desconcertadas, consternadas, incrédulas, enfurecidas y pasmadas. Pero fue sólo una molestia que no se tradujo en la profunda vergüenza y el inmenso dolor que producían las fotografías de los campos de concentración alemanes después de la liberación en 1945. No porque los crímenes sean comparables, sino porque en ambos casos la persona moral podría sentir la misma profunda aflicción ante una traición a la humanidad.

Es parte del camino de la paz sentirnos heridos cada vez que la humanidad es traicionada. La apatía, en forma de adormecimiento emocional, debe ser sanada para que esto ocurra. Al igual que con las víctimas de violencia doméstica, un cuerpo emocional marcado de cicatrices por la guerra puede permanecer en estado de desesperación. Usted y yo no estábamos presentes durante las masacres de Camboya o Ruanda, pero nuestros cuerpos emocionales sintieron en toda su profundidad estos acontecimientos. *"Lo que hagas con el más pequeño, a mí me lo haces"* es el principio básico. La esperanza aparece aquí como un instrumento de sanación para decir que la humanidad puede ser traicionada pero nunca olvidada. La esperanza es la mano que se estira para decir, *Sé quién eres y siento lo que te está pasando.*

Enfrentar el conflicto

Muchas personas espirituales creen que siempre hay que evitar el conflicto. Moralmente lo desaprueban pues consideran que todo conflicto es una forma de violencia. No obstante, el conflicto interior está presente en toda persona. Nos mueven sentimientos e ideas contradictorios y, algunas veces, las contradicciones son dolorosas. Queremos vernos como buenas personas, pero tenemos impulsos que ninguna buena persona (tal como se la define) debería tener. Queremos ver a nuestro país como un país bueno, pero tiene impulsos que ningún país bueno debería tener. Hay muy poca diferencia entre estos dos estados.

La mayor parte de la violencia mundial no es cometida por las malas personas. Es cometida por personas que expresan lo que hay dentro de ellos y, si lo que tienen en su interior es rabia y miedo, el mismo esfuerzo de mantener a raya estos sentimientos eventualmente puede ser la causa de que estallen. He dicho que todas las guerras son brotes del inconsciente. El conflicto que ocupa los titulares de prensa es la guerra internacional, pero la guerra interior que existe en cada individuo es realmente más importante. Es la semilla de la cual provienen todos los demás conflictos.

Naturalmente, nuestros dirigentes se niegan a admitirlo. Los políticos se encuentran bajo una inmensa presión que los obliga a aparentar ser lo que no son: seguros de sí mismos, estables, capaces de tomar decisiones en todo momento. En otras palabras, no conflictivos. A nadie le conviene esta forma de impostura. La excusa más frecuente para la fachada de fortaleza inconmovible de los políticos es que el público necesita dirigentes fuertes. Un personaje que pagó muy alto precio en forma de humillación y vergüenza por no haber aceptado sus debilidades fue el ex presidente Bill Clinton. En su autobiografía relata las desventuras sexuales que lo persiguieron desde los comienzos de su carrera, originadas en impulsos que no podía controlar. Pero los impulsos sólo son incontrolables cuando se les ignora y, cuando ya es demasiado tarde, comienzan a manifestarse por su propia cuenta.

Cuando inició una psicoterapia para analizar el porqué había destruido públicamente su buena reputación, Clinton descubrió el concepto de "personalidad dividida". Este término describe una táctica de la psiquis: cuando tenemos deseos que son tan malos o vergonzosos que nuestro yo oficial rechaza, tales sentimientos son divididos o separados y enviados a una región que no tiene contacto con el resto de la personalidad. Muchas formas de comportamiento extremo caben en esta categoría. La rabia asesina que moviliza a los asesinos en serie o la violencia sexual del psicópata que se manifiesta en los violadores, son casos de personalidad dividida en los que la persona parece ser más apacible y amable que el promedio.

Una vez divididas, estas energías de la psiquis no permanecen en estado latente. Son parte de nosotros, por lo tanto pueden pensar, sentir y hablarnos. Como hijos abandonados, piden atención y cuanto más las ignoramos, más intensas son sus exigencias. En el caso de Clinton, entraron en acción en forma cada vez más deslucida y finalmente se metieron al despacho presidencial, el mismo lugar en el que el yo oficial debía lucirse. Lo sabían las energías divididas. Sabían que un presidente debe ser fuerte, disciplinado, modelo de autocontrol. ¿Qué mejor manera, entonces, para mostrar que otra parte de la psiquis era salvaje, indulgente consigo misma y fuera de control?

Nadie es inmune a esta forma de división, aunque puede estar muy bien maquillada. No hace falta ser Jekyll y Hyde, la clásica parábola de división de la personalidad. Fue interesante leer cómo comprendió el poder de su propio conflicto interior la notable psicoterapeuta suiza Alice Miller. Era una persona aparentemente sana desde el punto de vista psicológico, con formación de psicoterapeuta y que se había hecho dos tratamientos completos de psicoanálisis. Esto ciertamente significaba que se había analizado y que había aclarado los enredos de su inconsciente. En cierta ocasión tomó unas clases de arte en las que el profesor animaba a los alumnos a dejar salir, sin censuras, todas las imágenes que quisieran emerger. Tenían que pintar con libertad absoluta, sin hacer juicios contra cualquier imagen por considerarla extraña, miedosa o inadecuada. Para su asombro, Miller encontró que las imágenes que salían de su pincel eran muy violentas. Mostraban figuras con garras y colmillos encerradas tras las rejas y, en sus rostros, expresión atormentada. A medida que estas imágenes perturbadoras salían a la luz, las mismas que las que podrían pintarse en un asilo mental, Miller comenzó a evocar escenas de la infancia que supuestamente habían sido elaboradas durante años de psicoterapia. De hecho estaba muy lejos de haberlo logrado: estaban llenas de carga psicológica, repletas de ira y dolor. Los prisioneros de colmillos y garras de sus cuadros eran ella misma.

Si esto es verdad en una persona con tanta perspicacia e inteligencia, no creo que ninguno pueda llegar a la conclusión de que interiormente no es violento. Es posible que no exterioricemos nuestra violencia porque la hemos convertido en conducta aceptable o la hemos expulsado de nuestras vidas. Pero el hecho de que en el mundo haya tanta violencia significa que nuestro propio conflicto interior ha encontrado una forma de exteriorizarse.

El camino de la paz nos conduce a la verdad interior por una vía u otra. Alice Miller llegó a esta conclusión al enfrentar la innegable evidencia de sus propios demonios interiores. Usted y yo podemos llegar a nuestras verdades en forma diferente, por medio de la depresión, la tristeza, estallidos de ira, una conciencia estricta o simple coraje. Existe la esperanza de que cualquier conflicto se puede acabar cuando se descubre su origen. El conflicto es el resultado inevitable de la división. No es su culpa ni su deshonra. El conflicto, incluso, tiene un lugar necesario en el devenir del alma. Sirve como punto de encuentro entre dos opciones y, mientras estamos en la senda, la opción es una constante. No existe una decisión única que se pueda hacer de una vez y para siempre. El viaje es demasiado dinámico y los impulsos más profundos reaparecen una y otra vez en diferentes etapas de la vida. La esperanza nos dice que todo conflicto es útil para el espíritu, incluso en aquellos momentos de oscuridad cuando llegamos a creer que el conflicto está ahí únicamente para acabar con nosotros.

Poner fin al sufrimiento silencioso

La perspectiva moral de la violencia, calificándola como mala e incorrecta, ha hecho muy poco para acabar con ella. La otra alternativa es desatar nuestros juicios y ver la violencia como es: una forma de sufrimiento. Este es un viraje difícil para mucha gente. No sólo tienen el hábito de hacer juicios sin pensar, sino que las personas violentas hacen daño y, por lo tanto, su sufrimiento parece merecer menos simpatía. *Me hiciste daño, ¿por qué tengo que tener compasión por ti? Debería ser al contrario.* ¿Hace falta ser santo para dar el viraje desde el atropello moral hacia la compasión?

Pienso en el obispo de Digne, en *Los Miserables* de Victor Hugo, que acoge en su casa y le da de comer al convicto Jean Valjean. A cambio de esta bondad, Valjean roba la platería del obispo. Cuando fue detenido por la policía y llevado ante la víctima de su crimen, Valjean estaba seguro de regresar a la prisión en la que había sido despojado de toda esperanza y de toda fe. Pero el obispo le sirve de coartada al declarar que los candelabros de plata que la policía encontró habían sido un regalo. Entonces pronuncia las palabras decisivas de la novela, "¡Ya no perteneces al mal, sino al bien. Es tu alma la que te estoy comprando. Se la arrebato a los oscuros pensamientos y al espíritu de perdición para entregársela a Dios!".

Lo que hace que esta escena sea tan conmovedora es que no solamente corresponde a un desesperado criminal sino al viaje del alma de cualquier persona. Los puntos de quiebre se producen cuando podemos escoger no sufrir más en silencio. Entonces tropezamos con que tenemos que hacer un trato con el alma, un trato que es miedoso pero necesario. El trato es que la redención es posible en el amor. La ausencia de amor es el problema y el amor es la solución. No tenemos que expresar esta verdad en términos religiosos. No tenemos que alcanzar otro ámbito para descubrir el poder redentor del amor que está disponible para nosotros aquí y ahora.

El problema es que el amor pasa a través de un ser humano falible. Personajes de bondad impoluta como el obispo de Digne que aparece en la obra de Victor Hugo son inspiradores pero no es suficiente imitarlos. (La bondad practicada como un ritual, un hábito o un deber tiene su lugar. Preferiría que cada pordiosero recibiera una limosna en lugar de encontrar desprecio.) Pero la bondad decisiva, la que definitivamente salva el alma en la forma como Jean Valjean es salvado, no es la regla sino un trabajo constante en el sendero espiritual para eliminar los obstáculos que impiden que el amor pase a través de nosotros. El trabajo se parece más al del plomero que destapa una tubería que a imitar a un santo.

La esperanza es la emoción que mantiene este trabajo persistente incluso cuando los resultados no se ven pronto o parecen imposibles. ¿Puedo amar al terrorista que le hace daño a mi país? ¿Puedo amar al criminal que quiere hacerme daño? En el nivel del alma puedo hacerlo y el camino espiritual es un medio para alcanzar ese nivel, aunque dado que el alma no reside en un lugar, la metáfora del viaje no resulte acertada.

Lo que es acertado es el proceso de cambio. A nadie se le pide que, de un momento a otro, experimente compasión por los terroristas, ni siquiera que declare públicamente que nuestros enemigos merecen amor. Pero en el alma, cada uno de nosotros alberga el conocimiento de que sólo el amor va a poner fin a la violencia. No importa la forma como usted y yo vivamos nuestras vidas exteriores, nuestras vidas espirituales deben tener siempre presente esa visión.

Cambia la situación de la víctimas

Una situación que hay que trabajar constantemente, día tras día, es la de las víctimas. Guardada en el fondo de mi memoria está una frase que leí hace más de treinta años. Decía que la ira es el resultado de una convicción de injusticia. Una terminología muy filosófica para algo tan simple como es que, cuando sentimos que la vida no es justa con nosotros, respondemos con rabia. Las víctimas manifiestan diferentes matices de la ira. Algunas están en estado de profunda y justa indignación. Otras están agotadas, exhaustas por una ira que nunca tendrá respuesta y antiguos errores que nunca serán corregidos. Entre estos dos polos de indignación y agotamiento transcurre la vida normal. Pero en la vida normal también es frecuente la victimización: gente que vive con un juego de creencias que sostiene su condición misma de víctimas:

El sistema de creencias de quienes se sienten víctimas
Lo que hay que enfrentar antes de podernos recuperar

Soy totalmente inocente, no me merezco esto

No había nada que yo pudiera hacer al respecto

Hay que culpar a alguien

Algunas veces las personas son crueles

La vida es injusta

Quiero recuperar el control, pero es difícil

Ahora tengo que estar siempre alerta

Podría volver a pasar, pero no lo permitiré

No hay casi nada que yo pueda hacer respecto a este miedo

El movimiento de recuperación ha madurado suficientemente como una fuerza social como para que esta lista de creencias a nadie tome por sorpresa. Sin embargo, nos hemos acostumbrado a ver a las víctimas a través de sus propios ojos. Creen en estas doctrinas con todo su corazón, y esto hace más difícil ver a través del trauma. Para muchas víctimas, sus traumas les dan un propósito en la vida. De una forma extraña, su herida se convierte en su vida, así como para el inválido su enfermedad se convierte en el centro de su vida. Sabemos que si no es sano para un inválido vivir en función de su enfermedad, igualmente malsano es para la víctima vivir en función de su trauma.

Pero sucede, y a veces sin advertirlo. El conocido psiquiatra Irvin Yalom escribe de una señora de edad y acomodada, cuya vida no tenía ningún inconveniente aparente. Era feliz y gozaba de buena salud hasta una noche en que fue a un restaurante con su esposo. En el parqueadero, un ladronzuelo le robó la cartera y salió corriendo. Al ladronzuelo no lo pudieron atrapar ni ella pudo recuperar su cartera, lo cual es frecuente en cualquier ciudad grande, pero las consecuencias para esta señora fueron significativas.

No podía olvidar el incidente y, el recuerdo, en lugar de debilitarse con el tiempo, se magnificaba. Comenzó a sentirse profundamente ultrajada y, en el curso de los meses siguientes, lo que le habían robado era una parte de ella: su sensación de ser invulnerable. Aunque ella lo desconociera, este era, al igual que para todos nosotros, un elemento clave de su constitución psicológica. Más de un maestro espiritual ha dicho que debemos vivir cada día como si la muerte nos estuviera acechando constantemente, lo cual es cierto, pero nuestras psiquis están organizadas alrededor de la idea totalmente opuesta: nunca vamos a ser heridos, a enfermar y a morir.

Por debajo de la superficie todos sabemos que estas verdades son evidentes por sí mismas. Aún así, no las aceptamos. A todo momento alguien está enfermando y alguien muriendo. Los maestros espirituales que proponen que tengamos conciencia de nuestra condición mortal no son sádicos. Simplemente creen que si damos la espalda a la verdad, ésta no podrá liberarnos. Esta es la razón por la cual la única solución para quien sufre un complejo de víctima es elaborar el trauma. La más simple definición de una víctima es esta: alguien que no puede evitar que le hagan daño.

Que es exactamente como esta señora comenzó a relacionarse. Profundamente deprimida, todo le daba miedo. La menor amenaza o sospecha de amenaza, la ponía en un paroxismo de terror. En efecto, se convirtió en su propia terrorista, porque el distintivo del terrorismo es hacer que la vida diaria se considere fatalmente peligrosa. En palabras suyas, había perdido el sentido de ser alguien especial, lo que para ella significaba estar a salvo y protegida de los males que sobrevienen a las personas que son menos especiales.

La solución para ella fue una larga psicoterapia, pero he mencionado su historia porque ilustra la naturaleza insidiosa del sistema de creencias de la víctima. Sin duda los hechos parecen dar razón a todas las creencias que he mencionado. Si alguien comete un acto de violencia contra nosotros, los hechos parecen afirmar que la vida es injusta, que somos inocentes, que la crueldad humana nos despojó de nuestro control.

Pero a pesar de todo, lo que realmente está sucediendo es que la persona pasa a relacionarse con el mundo a través de su trauma. No es el traumatismo mismo lo que ocasionó el cambio de rumbo sino la disponibilidad que tenía. La verdad es que la vida no es justa ni injusta. El mundo es un reflejo de lo que somos por dentro.

Recientemente me encontré cara a cara con esta realidad. En un evento social, me presentaron una pareja de octogenarios. Eran de origen checo y les expresé mi admiración por Vaclav Havel, el presidente anterior de Checoslovaquia (la actual República Checa), que es una reconocida figura espiritual.

La pareja de ancianos sonrió y los dos asintieron con la cabeza. Al ver sus caras comprendí que en ellos había algo diferente. Irradiaban paz y felicidad. Llegó la hora de irme y, en el automóvil, el amigo que me había invitado comentó, "Me alegro que hubieras simpatizado tanto con ellos. Como sabrás, se conocieron en Auschwitz".

Me sentí pasmado. Viendo la mirada en mi cara, mi amigo me contó su historia. Ambos eran judíos y habían sido encerrados con otros judíos checos hacia 1943. El señor, que era panadero de profesión, tenía en aquella época algo más de veinte años, pero los nazis necesitaban panaderos y le permitieron vivir. Los meses pasaron y no habría sobrevivido si no hubiera sido porque el exterminio masivo no alcanzó a terminarse antes de la llegada de los Aliados. La señora sobrevivió porque estaba entre los últimos judíos que llegaron al campo de concentración y no le habían hecho proceso pero, sobre todo, porque como era joven y estaba sana la podían explotar trabajando.

No era fácil relacionar estos horrendos hechos con las dos personas que acababa de conocer. No exhibían su historia; más aun, ni siquiera se referían a ella. Yo me moría de las ganas por preguntarles si su experiencia en los campos de concentración era la causa de su actual estado de paz, por un acto de alquimia que la psiquis es capaz de realizar cuando se enfrenta a los más profundos horrores. ¿Desde antes eran así? ¿Les tomó años de olvido consciente para elaborar su trauma?

Nunca lo sabré, pero algo sí sé: si uno puede dejar de relacionarse con el mundo a través de su trauma, existe la esperanza de poder empezar a relacionarse a través de su alma. He aquí cómo se desarrolla el proceso.

Las víctimas se aferran a su condición de víctimas porque se sienten inocentes. El esposo que repentinamente anuncia que quiere el divorcio y ha encontrado una nueva mujer de la que está enamorado, el atracador que saca un revólver o un cuchillo en una calle oscura, el accidente en la autopista en el que muere un miembro de la familia: ninguno de estos hechos tiene una causa justificada. Se graban en la mente como una herida. Esta herida es el problema. Siempre duele. Siempre toma tiempo poderla curar. Siempre se traduce en lágrimas y ansiedad.

Sin embargo, una herida psíquica es muy diferente de una herida física. Si no tenemos cuidado, se convierte en parte de nuestra identidad y se agudiza el peligro de relacionarnos con el mundo a través de esta herida. Quienes tienen complejo de víctimas no encuentran la fuerza suficiente para evitar que sus identidades cambien. Como en el caso de la mujer a la que le robaron su cartera, es como si un virus invadiera el sistema y no pudiera ser detenido. Destruye el sentido habitual de sentirse feliz, especial y protegido o protegida.

Esto para decir que la idea concreta, *Yo soy inocente*, es una venda. Sí, usted es inocente. El ataque contra su propio sentido de sí mismo o de sí misma no tiene justificación. Pero solamente un sentido más fuerte de sí podrá rescatarlo o rescatarla. Su mente nunca podrá aclarar el porqué fue usted, entre todas las personas, quien fue lastimado o lastimada. Sus luchas son, desde el principio, inútiles. He conocido personas que han pasado años intentando preguntarse si sus desgracias se debían a un mal karma. Esta es la palabra mágica para una lógica equivocada que dice, "Yo no creía que mereciera esta herida, pero cuando llego a una capa más profunda y más mística, tengo que reconocer que me lo merecía".

Realmente esta no es una respuesta. En primer lugar, no sana la herida. En segundo lugar, existe a la manera de un constructo mental y sirve poco de consuelo a las emociones, que son el combustible de la victimización. Nos sentimos victimizados, independientemente de lo que la mente diga. De manera que aunque de todo corazón creamos que hay un nivel más profundo de la culpa que demuestra nuestra inocencia ¿Qué es lo que hemos entendido? ¿Que toda acción es, a un mismo tiempo, culpable e inocente? Esta doble manera de pensar me parece que es la esencia de la confusión.

Todo el paquete —el hecho mismo, la herida, el sentimiento que produce y el esfuerzo de la mente para encontrar una explicación— está tan entretejido que no se puede desenredar. Si podemos encarar este hecho, habremos dado un paso significativo en la comprensión de la vida. Esto no significa que no podamos sanar la herida: aceptar que la realidad es enredada es útil en nuestro proceso de sanación porque nos impide seguir buscando la falsa esperanza de que algún día todo nos será revelado y todo se arreglará.

La verdadera esperanza ofrece algo diferente. Podemos recuperarnos. Es casi ineludible obsesionarnos con la culpa y la inocencia, y casi siempre lo hacemos después de que algo malo nos pasa. Pero hay una verdad más profunda y es que el alma tiene una clara visión de la salida. Tenemos que saberlo para aprovecharlo. Ciertamente el mundo es una "jerarquía enredada", pero la frase misma implica que hay algo en la cima de la jerarquía. Ese algo es la conciencia absoluta, el estado absoluto del ser. Su esencia es nuestra esencia. Su inteligencia es nuestra inteligencia. Su claridad y capacidad para organizar la vida son también nuestras. La víctima pierde contacto con estas verdades. El complejo de víctima se supera tan pronto recuperamos el estado de conciencia y el sendero de sanación hace regresar estas verdades, paso por paso. Con esto en mente, la esperanza es la certeza de que la conexión con el Ser puro nunca se perderá; el peor trauma del mundo no puede hacer ningún daño al Ser, ni siquiera rasguñarlo.

Facilitar la realización

Estoy tratando de relacionar las cosas cruciales que la esperanza puede lograr, de la mejor manera posible. Las emociones pueden ser sanadas, gradualmente, de manera que no sigan estando anestesiadas por anteriores traumas. Las creencias pueden ser cambiadas analizando seriamente qué tienen que decir. Pero eventualmente hay un paso que permite armar nuestra nueva realidad tan sólidamente como la antigua realidad.

Este paso es la conversión.

La conversión posee un poder mágico, parecido a la intuición, pero con más profundidad. De pronto nos damos cuenta que somos autores de la propia vida y podemos recoger el poder de cambio a nuestro alrededor. La conversión, o su ausencia, afectan la vida de todos. Los médicos saben que la forma como los pacientes reaccionan a sus diagnósticos es bien peculiar. Los mismos síntomas pueden producir resultados asombrosamente diversos. Esto es particularmente misterioso en el caso del cáncer. Algunos de los casos más malignos, como el melanoma, el cáncer de piel más mortal, también ofrece los índices más altos de curación espontánea.

He sido testigo de lo uno y de lo otro. Hace años tuve como paciente a una mujer joven con una sombra sospechosa en su radiografía de pulmón. La sombra hacía pensar en un cáncer de pulmón pero en ningún caso el diagnóstico era definitivo. La joven mujer, como es de suponer, quedó hecha añicos con la noticia. Rápidamente se fue deteriorando y en pocos meses murió de cáncer de pulmón. Pero al analizar las radiografías de los últimos cinco años, se descubrió que la misma sombra siempre había estado presente y que no había crecido. Su médico anterior no le había mencionado la sombra o no le había dado mayor importancia.

La conclusión es que el cáncer sólo se extendió rápidamente después de que la paciente se dio cuenta del peligro en que estaba. En síntesis, el diagnóstico la mató. En medicina, esto podría considerarse como una forma extrema de un fenómeno conocido como "control por parte del hospedante". Cada uno de nosotros está expuesto diariamente a innumerables organismos transmisores de enfermedades; algunos de ellos son derrotados por el sistema inmunológico, otros atraviesan nuestras defensas y nos enferman, otros sencillamente viven en nuestro organismo como huéspedes inadvertidos. Según esto, ¿cómo deciden los gérmenes cuáles van a ocasionarnos problemas y cuáles no? Aparentemente la decisión la toma el organismo. El hospedante controla, de alguna manera, cuál enfermedad va a prosperar y cuál no.

Mientras no sepamos cómo funciona el "control por parte del hospedante" (y la ciencia está lejos de saberlo), sólo puede decirse que el paciente se encuentra involucrado. La gente se muere porque quiere morir y no se muere porque no quiere morir. Recuerdo una pareja que conocí cuando era residente: los dos estaban hospitalizados porque tenían cáncer. El estado del esposo era mucho peor que el de la esposa, pero aguantaba semana tras semana. A pesar de la relativa diferencia en su enfermedad, primero murió la esposa y antes de veinticuatro horas murió el esposo. Sé que la esperó conscientemente porque algún día me dijo que un caballero siempre le cede el paso a una dama.

La conversión espiritual se parece mucho al "control por parte del hospedante". En cierto nivel, todos conocemos todo porque no somos más que conciencia pura. Conocemos quién nos ama y quién no. Conocemos que todos los seres humanos son iguales, que existe una realidad más allá de lo material, que nada ocurre por casualidad. Estos momentos especiales de conocimiento, que se conocen como epifanías, ocurren cuando nos permitimos a nosotros mismos conocer lo que ya conocemos.

En el emocionante proceso de la realización, la vida se hace más real, no tanto porque ha cambiado sino porque hemos decidido relacionarnos con ella de una manera diferente. Afortunadamente, no es sólo un cambio de humor. En la "jerarquía enredada", ciertos poderes sólo se develan cuando nos permitimos abordarlos.

Si la esperanza es nuestro faro guía, vale la pena interpretarla desde el punto de vista metafísico. Rumi, el más acertado de los poetas metafísicos, escribió: "Hay un espacio más allá del bien y del mal. Ven y allí te encontraré". Es lo que en India se denomina *Vedanta*. *Veda* es la verdad, la vida buena que viene de Dios, pero todo lo bueno que hay en el mundo no puede convertirlo en un lugar de paz. El bien siempre ha estado entre nosotros y, sin embargo, el mundo es un antro de violencia, intolerancia, hambre, guerra y ambición. *Vedanta* significa el fin del *Veda*; en otras palabras, mirar más allá de la bondad. Posiblemente usted la considere como una forma de radical esperanza, y yo estaría de acuerdo, pero ¿qué lo podría convertir en una realidad?

Comprendiendo que sólo sirven las soluciones espirituales.

Estas soluciones sólo surgen gracias a un cambio en el nivel de conciencia.

Un cambio en el nivel de conciencia se produce persona por persona.

Existe una ley espiritual según la cual debemos celebrar nuestras pérdidas porque sólo lo irreal se puede perder y, después de que desaparece, permanece lo real. Esto explica el consejo de Meher Baba, aparentemente cínico pero ciertamente muy sabio, al decir que el camino hacia la iluminación pasa por la total desilusión. La palabra clave es total. Si pretendemos cambiar tan completamente nuestro nivel de conciencia como para que la violencia desaparezca, dejaremos de ser personalidades movidas por el ego. No tendremos interés en la política o la psicología o el dinero o el futuro. Nuestro único interés estará en la región de la eternidad donde nace la conciencia. Si encontramos esta fuente y todos los días mantenemos el contacto, así sea ligeramente, estaremos contribuyendo con la paz del mundo en una forma que ninguna otra acción puede conseguir. En un nivel podemos seguir siendo ciudadanos de bien, hacedores del bien, personas llenas de esperanza. Pero en un nivel más profundo mantendremos la mirada en el absoluto como causa única de transformación aquí en la tierra.

Epílogo

¿Conoce la fábula budista de "El Monstruo Pegapega y el Príncipe de las Cinco Armas"?

El Monstruo Pegapega era un ogro gigante que vivía en un profundo bosque en la India. Devoraba a los aldeanos y los mantenía en estado de terror. Un día apareció en escena un héroe que venía a rescatarlos. Era conocido como el Príncipe de las Cinco Armas porque cuando nació, los astrólogos de la corte se reunieron alrededor de su cuna y predijeron que sería un poderoso guerrero que sabría manejar no sólo una sino cinco armas. Y armado con sus cinco armas el príncipe salió a luchar contra el monstruo.

Cuando los dos se encontraron en el bosque, el príncipe tomó el arco y la flecha y disparó contra el ogro, pero la gruesa piel de Pegapega era impenetrable y todas las flechas se le quedaban pegadas. El príncipe sacó su espada y la blandió contra el ogro, pero la espada también se quedó atrapada en la piel pegajosa del ogro, lo mismo que el cuchillo, el garrote y la lanza del príncipe.

Habiendo perdido sus cinco armas, el príncipe agarró la bestia a puños, pero en un instante, sus manos y pies también quedaron atrapados en la piel de Pegapega. El monstruo lo habría devorado, pero el valor del Príncipe de las Cinco Armas lo hizo reflexionar, "Si este héroe puede luchar tan valientemente contra mí, quizás es mejor que lo piense bien".

El príncipe se sintió perdido pero de pronto se le ocurrió una idea. "No te atreverás a comerme", le gritó en forma desafiante, "Todas mis armas se me quedaron pegadas a tu piel, pero yo tengo un secreto en mi interior y tan pronto me devores, explotará y tú morirás".

Pegapega quedó impresionado y, como no quería morir, dejó en libertad al Príncipe de las Cinco Armas. Pero antes de dejarlo ir, el monstruo quiso saber cuál era su secreto, "¿Es una sexta arma que yo nunca he visto?"

"No es un arma, sino compasión", dijo el príncipe, que era versado en la sabiduría del Buda. "Este es mi secreto al que no habrías podido vencer".

El monstruo se sintió tan conmovido que se convirtió, desde ese momento, en discípulo del Príncipe de las Cinco Armas. Aprendió el camino de las ocho nobles virtudes. Al descubrir la paz interior, perdió su naturaleza violenta. Aprendió que todas sus monstruosas acciones eran consecuencia de pasadas acciones que podían ser expiadas. Al final, Pegapega consiguió la iluminación y los aldeanos fueron rescatados del monstruo del bosque.

El mismo secreto podría salvarnos si lo aprovechamos.

En miles y miles de corazones alrededor del mundo, la compasión está realizando su trabajo. Es preciso renunciar a cuanto se oponga a la compasión, porque en la ira, la venganza, las armas mortales y la violencia contra la naturaleza está nuestra perdición. La guerra no se acabará con ningún otro remedio. No será el sufrimiento lo que acabe con la guerra, o la esperanza temeraria de conseguir la victoria definitiva sobre el mal. El verdadero trabajo en favor de la paz se realiza persona por persona hasta, finalmente, inclinar el equilibrio del mundo. La historia ya ha visto faros de compasión en Cristo, Buda, Laotsé, e innumerables santos de todas las religiones, incluyendo el islamismo. No necesitamos más faros. El mensaje no necesita ser comunicado una vez más.

Usted y yo y otros muchos sentimos que no necesitamos la guerra, que no encontramos en ella ninguna satisfacción ni ninguna fascinación. Logramos despegarnos de la piel de Pegapega y toda persona que logra despegarse es una unidad de paz. Yo no sé cuántas unidades harán falta para cambiar el mundo. El ogro que devora seres humanos no quiere víctimas. Pero todas las armas se han ensayado y es el momento de recurrir al arma secreta escondida en nuestro interior. Usted y yo no somos nada en comparación con la inmensa maquinaria de la muerte que nos agobia. Pero sabemos que el secreto que tenemos es real y deberíamos celebrar: la nuestra es un arma que ciertamente hará estallar al monstruo.

Apéndice

Programa para hacedores de paz

El siguiente es un programa semanal para hacedores de paz que aparece en "El camino de la paz", página 9. Se presenta aquí como referencia para quien esté interesado en ser parte de una comunidad de concientización Este mismo material puede obtenerse de *www.chopra.com*, donde aparece en formato para imprimir en *"News from Deepak"*.

Siete acciones para hacedores de paz
Cómo acabar con la guerra persona por persona

La guerra es una plaga que los seres humanos se infringen a sí mismos. Una plaga que podemos acabar. Todos los días desde que usted y yo nacimos, alguna región del mundo ha estado en guerra; en el año 2003, el número total de conflictos ascendía a treinta. En el siglo XX, al menos 108 millones de personas murieron en las guerras. De los veinte presupuestos militares más altos del mundo, catorce pertenecen a países en desarrollo. Estados Unidos invierte más en su sistema militar que los siguientes dieciséis países juntos.

Es innegable que la guerra es el mayor problema del mundo.

La necesidad de una nueva idea es igualmente innegable.

La nueva idea es construir la paz, persona por persona, hasta que el mundo pueda convertirse en una masa crítica de hacedores de paz en lugar de hacedores de guerra.

"No existe un camino hacia la paz. La paz es el camino".

Mahatma Gandhi

¿Por qué no ha sido posible poner fin a la guerra?

Los movimientos en favor de la paz han ensayado tres caminos para acabar con la guerra:

La primera aproximación es el *activismo*, que consiste en presionar políticamente a los gobiernos que emprenden guerras. El activismo recurre a protestas y demostraciones públicas, cabildeo y compromisos políticos. Casi toda guerra genera algún tipo de movimiento en favor de la paz.

¿Por qué el activismo no ha tenido éxito?

Porque quienes protestan no son escuchados.

Porque la frustración y la resistencia que encuentran los deterioran.

Porque los intereses de la sociedad en la guerra los superan.

Porque su idealismo degenera en ira y violencia.

El activismo nos ha dejado un cuadro irónico de furiosos hacedores de paz que terminan contribuyendo a la violencia mundial.

La segunda aproximación es el *humanitarismo*, que consiste en ayudar a las víctimas de la guerra. Llevar ayuda a las víctimas es un acto de bondad y compasión. Representado por la Cruz Roja Internacional, este esfuerzo se está desarrollando actualmente y atrae miles de voluntarios en todo el mundo. Todas las naciones de la tierra aprueban el humanitarismo.

¿Por qué el humanitarismo no ha tenido éxito?

Debido a que hay muchos más soldados y hacedores de guerra que personas que realicen acciones humanitarias.

Debido a las finanzas. El presupuesto anual de la Cruz Roja Internacional de 1,8 mil millones de dólares es una mínima fracción de los presupuestos militares alrededor del mundo.

Debido a que los mismos países que emprenden la guerra también realizan esfuerzos humanitarios, manteniendo muy separadas las dos actividades.

Debido a que quienes realizan acciones humanitarias entran en escena después de que la guerra ha comenzado.

La tercera aproximación es la *transformación personal*, que consiste en acabar la guerra persona por persona. La idea fundamental es que la guerra comienza en el corazón de las personas y solamente puede acabarse allí. La tradición religiosa de orar por la paz es la que más gente acoge como contribución para acabar con la guerra en sus propios corazones. En realidad, la mayoría de la gente no ha oído hablar de esta posibilidad.

¿Por qué la transformación personal no ha tenido éxito?

Porque la verdad es que nadie lo ha intentado.

¿Usted puede ser el cambio que quiere ver en el mundo?

Mahatma Gandhi

¿Por qué la guerra termina en uno mismo?

La transformación personal es la idea que en un futuro cercano podrá acabar con la guerra. Sólo depende de la única ventaja que los hacedores de paz tienen sobre los hacedores de guerra: en números redondos, si suficientes personas en el mundo se convirtieran en hacedoras de paz, la guerra podría acabarse. La idea principal es la masa crítica. Gracias a una masa crítica de seres humanos se aceptó el uso de la electricidad y los combustibles fósiles, enseñar la evolución y adoptar todas las principales religiones. En el momento apropiado y si suficientes personas participan, la masa crítica puede cambiar el mundo.

¿No puede acabar con la guerra?

Existe un precedente. El antiguo ideal indio de la *ahimsa*, o no-violencia, dio a Gandhi el principio rector de su respeto reverencial por la vida. En todas las tradiciones espirituales se acepta que la paz tiene que existir en los corazones antes de que pueda existir en el mundo exterior.

La transformación personal merece una oportunidad.

Cuando una persona escoge la no-violencia,
quienes lo rodean no vuelven a sentir hostilidad.
PATANJALI, ANTIGUO SABIO INDIO

Siete ejercicios en favor de la paz

El programa en favor de la paz lo invita a convertirse en hacedor de paz realizando, cada día, una acción concreta centrada en hacer realidad la paz, paso por paso, en su vida personal.

Domingo: Ser en favor de la paz

Lunes: Pensar en favor de la paz

Martes: Sentir en favor de la paz

Miércoles: Hablar en favor de la paz

Jueves: Actuar en favor de la paz

Viernes: Crear en favor de la paz

Sábado: Compartir en favor de la paz

Cada ejercicio sólo toma unos cuantos minutos. Puede hacerse en privado o en público, pero quienes lo rodean sabrán que usted está en favor de la paz por su forma de actuar en el diario vivir.

Domingo: Ser en favor de la paz

Hoy, dedique, cinco minutos a meditar acerca de la paz. Siéntese en silencio y cierre los ojos. Preste atención a los latidos de su corazón y repita interiormente estas cuatro palabras: *paz, armonía, risa, amor.* Permita que, desde el silencio de su corazón, estas palabras irradien hacia su cuerpo.

Al terminar la meditación, dígase a sí mismo o a sí misma, *Hoy voy a despojarme de todo resentimiento.* Recuerde algún resentimiento contra alguien y déjelo ir. Hágale saber a esa persona que la perdona.

Lunes: Pensar en favor de la paz

El pensamiento tiene poder cuando está respaldado por la intención. Hoy, introduzca en sus pensamientos la intención de actuar en favor de la paz. Haga un momento de silencio y luego repita esta antigua oración:

Haz que yo sea amado, haz que yo sea feliz, haz que yo sea pacífico.
Haz que mis amigos sean felices, amados y pacíficos.
Haz que quienes considero como mis enemigos sean felices, amados y pacíficos.
Haz que todos los seres sean felices, amados y pacíficos.
Haz que el mundo entero experimente la felicidad, el amor y la paz.

Si en algún momento del día se siente dominado o dominada por el miedo o la ira, repita estas intenciones: la oración le devolverá su centro de gravedad.

Martes: Sentir en favor de la paz

Este día es para experimentar las emociones de la paz: compasión, comprensión y amor.

Compasión es compartir el sufrimiento y, cuando sentimos el sufrimiento de otra persona, nace la comprensión.

Comprensión es saber que el sufrimiento es compartido por todos y cuando comprendemos que no estamos solos en nuestro sufrimiento, nace el amor.

Y, cuando hay amor, hay oportunidad para la paz.

En el curso del día observe a un desconocido y dígase a sí mismo o a sí misma en silencio, *Esta persona es como yo y como yo ha experimentado alegría y tristeza, desesperación y esperanza, miedo y amor. Como yo, esta persona tiene gente que se preocupa por ella y la ama. Como la mía, la vida de esta persona no es eterna y un día acabará. La paz de esta persona es tan importante como mi paz. Quiero que haya paz, armonía, risa y amor en su vida y en la vida de todos los seres.*

Miércoles: Hablar en favor de la paz

Hágase hoy el propósito de hacer felices a sus interlocutores y dígase a usted mismo o a usted misma: hoy, cada palabra que pronuncie la escogeré conscientemente y evitaré las quejas, las condenaciones y las críticas.

El ejercicio consiste en realizar alguna de las siguientes acciones:

Dígale a una persona cuánto la aprecia.

Exprese auténtica gratitud hacia quienes le han ayudado y amado.

Ofrezca palabras de alivio o de aliento a alguien que las necesite.

Demuéstrele respeto a alguien cuyo respeto usted valora.

Si descubre que reacciona en forma negativa o agresiva contra alguien, guarde silencio. Espere a recuperar la calma para hablar y hágalo, entonces, con respeto.

Jueves: Actuar en favor de la paz

Hoy es el día para ayudar a alguien que lo necesite: un niño, un enfermo, un anciano o un inválido. La ayuda puede ser de muchas maneras. Dígase a sí mismo o a sí misma, *Hoy voy a sonreírle a alguien a quien no conozco. Si alguien me injuria o injuria a otra persona, le responderé con un gesto de bondad. Le enviaré un regalo anónimo a una persona, sin tener en cuenta su condición. Ofreceré mi ayuda sin esperar gratitud o reconocimiento.*

Viernes: Crear en favor de la paz

Hoy, proponga una idea creativa para solucionar un conflicto personal, familiar o con sus amigos. Si puede, trate de crear una idea que sirva en su comunidad, su país o a nivel mundial.

Puede cambiar un viejo hábito que no funciona, mirar a alguien de una nueva manera, decir unas palabras que nunca antes había dicho o pensar en una actividad que integre a un grupo de personas para pasarlo bien y divertirse.

En un segundo momento, invite a un miembro de su familia o un amigo a proponer una idea del mismo estilo. La creatividad se siente mejor cuando es uno mismo quien propone la nueva idea o el nuevo enfoque. Haga saber que usted acepta y disfruta la creatividad. Permita que fluyan las ideas y ensaye lo que resulte llamativo. El propósito aquí es crear vínculos, porque solamente cuando nos vinculamos con los demás nace la confianza mutua y, cuando hay confianza, no hay lugar para hostilidades y sospechas, los dos grandes enemigos de la paz.

Sábado: Compartir en favor de la paz

Comparta, hoy, con dos personas el ejercicio de hacer la paz. Déles este texto e invítelos a comenzar los ejercicios diarios. A medida que más gente participe, la acción se expandirá para formar una masa crítica.

Celebre, hoy, con alegría su propia conciencia de la paz con otra persona consciente de la paz. Comuníquese con ella por el correo electrónico o por teléfono.

Comparta su experiencia de mayor paz.

Comparta su gratitud porque alguien tome tan en serio como usted el asunto de la paz.

Comparta sus ideas para ayudar al mundo a convertirse en una masa crítica.

Haga cuanto pueda para ayudar a alguien que quiera convertirse en hacedor de paz.

La mejor razón para convertirse en hacedor de paz

Ya conoce el programa. Transformarse en hacedor de paz no significa convertirse en activista y participar en marchas de protesta, no hace falta estar en contra de algo, no se necesita dinero: lo que se pide es interiorización y dedicarse a la construcción de la paz.

Y, a lo mejor, puede funcionar.

A pesar de que usted no vea que la violencia alrededor del mundo disminuya, sabrá en lo profundo de su corazón que ha dedicado su vida a la búsqueda de la paz.

La única razón para convertirse en un hacedor de paz es que las demás propuestas han fracasado.

Nadie sabe lo que puede ser la masa crítica antes de que la paz se constituya en el fundamento de un nuevo orden; su deber y el mío es producir el cambio a través de la transformación personal. ¿No valdrá la pena dedicar algunos minutos del día para poner fin a treinta guerras alrededor del mundo y, quizás, a todas las que en un futuro cercano puedan estallar?

En el momento actual, 21,3 millones de soldados sirven en ejércitos alrededor del mundo. ¿No podríamos reclutar una brigada de paz diez veces más grande?

¿Cien veces más grande?

El esfuerzo comienza ahora, con usted.

Notas

Escribí este libro manteniendo abiertos mis ojos y mis oídos. Como novato en los detalles de la maquinaria de la guerra, encontré en internet una invaluable ayuda. Muchos de los datos que aparecen en estas páginas los encontré en *Google* y, por lo tanto, buscando las mismas palabras clave, cualquier lector puede encontrar la misma información que yo recopilé. Internet tiene fama de descuido, pero suele ser más confiable que una biblioteca convencional. Cada hecho puede revisarse muchas veces. Por ejemplo, si usted busca la frase "bajas iraquíes en 2004", *Google* muestra veinticinco mil registros que están mucho más actualizados que cualquier libro impreso.

También llevé un registro de los acontecimientos diarios en el mundo, obteniendo la información a través de internet, principalmente de los comunicados de *AOL News* y *Associated Press* que se pueden encontrar en páginas web como *www.salon.com*.

Espero que los lectores interesados en hacer el seguimiento de algún tema puedan utilizar internet para investigar por su cuenta porque solamente manteniendo los ojos abiertos y los oídos atentos es posible expandir el estado de conciencia.

En el capítulo acerca de la religión y su fracaso para poner fin a la guerra, menciono mi aparición en el programa de televisión *Larry King Live* con cuatro dirigentes religiosos. Todos ellos repitieron hasta la saciedad el deber de luchar contra el mal y, en el último momento, dejé una protesta que fue ahogada por sus voces, "Tenemos que dejar de calificar a otras personas de malas". Al explorar la abundante información acerca de la guerra disponible en internet, se puede entrar en contacto con mundos nuevos y nuevas perspectivas. Quedarse atrapados en una ceguera cultural es lo mismo que quedarse pegado a la piel del Monstruo Pegapega.

Un buen lugar para empezar es el lugar donde inicié mi propia investigación: "Lo que toda persona debe saber acerca de la guerra". Pero espero que su búsqueda pueda llevarlo a la página web de Aljazeera, la controvertida red satelital de televisión árabe, para que encuentre por sí mismo o por sí misma lo que el mundo árabe está pensando y cómo nos ve. Creo que no hace falta mencionar las páginas web de acceso gratuito de *Time*, *Newsweek*, y *The New York Times*, pero también otras fuentes menos importantes como Salon.com y Slate.com. Pero, ¿cuántos entran a internet para leer *The Times* o *The Observer* de Londres? Fácilmente se descubre cómo nuestra visión de Europa ha sido distorsionada y excesivamente simplificada.

NOTAS

Si le interesa la psicología, le recomiendo el artículo *A Fine Line Between Normal and Monster?*, uno de los muchos que se pueden encontrar sobre el experimento acerca del dolor realizado por Millgram y el experimento sobre una prisión llevado a cabo en la Universidad de Stanford. A quienes les interese la historia podrán seguir numerosas pistas acerca de Adolf Eichmann, Osip Mandelstam y las armas medievales utilizadas en la Batalla de Crecy, datos que apenas mencioné en estas páginas. Si le interesa la ciencia, le sugiero leer el libro, *The Self-Aware Universe* de Amit Goswami. Más que otros físicos contemporáneos, su explicación de la "jerarquía enredada" ha modificado mi visión acerca de cómo se construye la realidad. Para mí ha sido un privilegio comentar con él este concepto durante los últimos cinco años.

Finalmente, leer sobre Hannah Arendt y sus famosos pensamientos acerca de la banalidad del mal convence acerca de las formas habituales como la "jerarquía enredada" nos "enreda" a todos.

Arendt no fue una pensadora optimista, dada la sombra del Holocausto. Pero dijo algo esperanzador: que la reflexión profunda nos pondrá cara a cara con las decisiones que tomamos y alejará del mal las decisiones que tomemos. El camino de la paz es más que una profunda reflexión. Pero es un punto de partida y con este fin escribí este libro.

¿Qué puedo hacer?

Nuestra tarea común es formar un movimiento en favor de la paz que no sea un movimiento en contra de la guerra. La diferencia es crucial, porque todo movimiento fundado en contra de algo termina siendo de resistencia, oposición y violencia. Solamente puedo hablar como una persona, pero mi ideal de un movimiento en favor de la paz está basado en una de las tres palabras con S, *Satsang*, que significa compartir nuestro proceso de concientización con otras personas. Usted puede comenzar con algo tan simple como participar semanalmente en un grupo de discusión, un foro abierto en el que todos tengan la oportunidad de hablar acerca de su propio anhelo de paz.

El siguiente paso puede ser una "célula de paz", un grupo de diez personas que quieren trabajar por la paz utilizando el programa que este libro propone. Con este fin, he incluido un folleto en la página 325 titulado "Programa para hacedores de paz" que puede ser obtenido de internet para hacerlo circular entre quienes estén interesados en formar parte de una célula de paz.

Finalmente, al incrementar el nivel de conciencia, puede

interesarle vincularse a una comunidad mundial de células de paz. En la página web www.peaceisthewayglobalcommunity.org se encuentra una lista de células de paz, así como los vínculos para entrar a ellas y poder construir *Satsang* alrededor del mundo.

Quisiera ver mi ideal convertido en realidad, pero lo más importante de un movimiento en favor de la paz es participar según el ideal de cada persona. La paz es una visión y las visiones deben crecer por sí mismas siguiendo los anhelos más profundos de la persona. Por ahora la visión es una chispa, pero en algún lugar y en algún momento, la chispa prenderá el fuego. No puedo decir cuándo va a ser ese momento, pero puede ser con usted. Yo así lo espero, porque tengo la seguridad de que no existe una comunidad más sólida que la comunidad invisible creada por hombres y mujeres inspirados por sus más elevados propósitos.

Agradecimientos

Peter Guzzardi, mi experto editor, ha sido, al mismo tiempo, mi crítico y uno de mis mejores amigos;

Shaye, Julie, Julia, Tina, Tara, Brian, Jenny, Sarah y el resto de mi familia de Harmony, han sido, desde el principio de mi carrera, amorosos, bondadosos y tolerantes;

Roberto Savio y Arsenio Rodríguez, han hecho de *Alliance for the New Humanity* un motivo de orgullo;

Rita, Mallika, Gautama, Sumant, Candice y mi queridas Tara y Leela, hacen que todo valga la pena y sea sagrado;

Carolyn Rangel, Felicia Rangel y Janice Crawford, gracias a su dedicación y trabajo constante en mi oficina, han hecho posible esto.

Y, finalmente, gracias a mi familia del *Chopra Center*, que ha traducido mis palabras en acciones que pueden transformar las vidas de muchas personas.